もくじ

この本の見かた ……… 4

パート1 基本編
基本を見直す練習！
7〜36

マンガストーリー ……… 8
1 インサイドキックを見直す！ ……… 24
2 インステップキックを見直す！ ……… 26
3 インフロントキックを見直す！ ……… 28
4 アウトサイドキックを見直す！ ……… 30
5 ボールをしっかりとらえる！ ……… 32
6 ねらったところに蹴る！ ……… 34

運動と食事①
カラダと能力をグングン伸ばす！
強いカラダをつくる3つの要素 ……… 36

パート2 トラップ編
トラップのスキルアップ練習！
37〜68

マンガストーリー ……… 38
1 足トラップの基本＆練習法！ ……… 54
2 モモ・胸トラップの基本＆練習法！ ……… 56
3 浮いたボールをコントロール！ ……… 58
4 動きながらのトラップ！ ……… 60
5 顔を上げてトラップ！ ……… 62
6 次の動作につなげるトラップ！ ……… 64
7 相手をかわすトラップ！ ……… 66

運動と食事②
カラダと能力をグングン伸ばす！
可動性・安定性を高めよう！ ……… 68

パート3 ドリブル編
ドリブルのスキルアップ練習！
69〜100

マンガストーリー ……… 70
1 ドリブルの基本＆練習法！ ……… 86
2 ボールタッチの精度を上げる！ ……… 88
3 顔を上げてドリブル！ ……… 90
4 緩急をつけたドリブル！ ……… 92
5 ターンでかわす！ ……… 94
6 フェイントをかけて抜く！ ……… 96
7 相手からボールを守る！ ……… 98

運動と食事③
カラダと能力をグングン伸ばす！
カラダを連動させる協調性を高めよう！ ……… 100

2

パート4 シュートのスキルアップ練習！ 101〜132

- マンガストーリー … 102
- 1 力強いシュートを蹴る！ … 118
- 2 ねらったところに決める！ … 120
- 3 ドリブルからシュートを決める！ … 122
- 4 浮き球からシュートを決める！ … 124
- 5 トラップしてシュートを決める！ … 126
- 6 相手を抜いてシュートを決める！ … 128
- 7 クロスに合わせてヘディング！ … 130
- カラダと能力をグングン伸ばす！ 運動と食事④ カラダづくりに必要な食事・栄養 … 132

パート5 守備編 守備のスキルアップ練習！ 133〜162

- マンガストーリー … 134
- 1 守るときの基本を見直す！ … 150
- 2 相手のボールをうばう！ … 152
- 3 相手に前を向かせない！ … 154
- 4 1対1で守り切る！ … 156
- 5 チャレンジ&カバーをマスター！ … 158
- 6 相手をうまく追いこむ！ … 160
- カラダと能力をグングン伸ばす！ 運動と食事⑤ おすすめ日ごろメシ … 162

パート6 役割編 ポジション別にレベルアップ！ 163〜194

- マンガストーリー … 164
- 1 FWの技術をレベルアップ！ … 180
- 2 WGの技術をレベルアップ！ … 182
- 3 MFの技術をレベルアップ！ … 184
- 4 CBの技術をレベルアップ！ … 186
- 5 SBの技術をレベルアップ！ … 188
- 6 GKの技術をレベルアップ！① … 190
- 7 GKの技術をレベルアップ！② … 192

パート7 試合編 チームの連携・戦術を身につける練習！ 195〜221

- マンガストーリー … 196
- 1 味方との連携を高める！ … 210
- 2 サポートの動きをおぼえる！ … 212
- 3 連携してシュートにもっていく！ … 214
- 4 すばやい判断で動く！ … 216
- 5 攻守の切り替えを早くする！ … 218
- 6 ゲーム練習で戦術をマスター！ … 220
- カラダと能力をグングン伸ばす！ 運動と食事⑥ おすすめ勝負メシ … 194

取材協力 … 222

この本の見かた

この本の見かたを解説するよ。しっかり読んでどんどん練習しよう！

パートごとに、ドリブルやシュートなどの技術と、レベルアップするための練習メニューを紹介！ イラストや解説を見て、毎日の練習に役立てよう。

実技ページ

たくさんのイラストで練習のやり方やプレーのポイントを紹介。見てマネて、練習に生かそう。

うまくなるコツ！
技術を身につけるためや、練習をうまくおこなうためのアドバイスがのっているぞ。

練習の時間や回数の目安を表示しているよ。

上が技術のポイントを教える見出しで、下が練習メニューの見出しだ。練習メニューは楽しみながらできるものばかりだから、自分ひとりや仲間とやってみよう！

マンガページ

主人公の颯太と仲間の成長を描いたサッカーものがたり。一人ひとりはもちろん、チームみんなでどうやってうまくなっていくのか、楽しんで読んでいこう！

サンライズSCの成長ものがたり

よく使うサッカー用語を解説しているよ。

実技解説マンガ

マンガに出てくる練習やプレーのポイントを紹介。

サッカーの技術的なことだけでなく、**カラダ自体を成長させる**方法がわかるよ！

特別ページ

カラダと運動能力を成長させるための食事と、トレーニングの方法を紹介！

パート1 基本編

基本を見直す練習！

パート1のポイント

強いシュートを蹴ったり、ねらったところにパスを出すためには、基本をおさえて正しい蹴り方を身につけることが大切。いろいろな蹴り方ごとに基本を見直す練習をして、思い通りにボールを蹴れるようになろう。

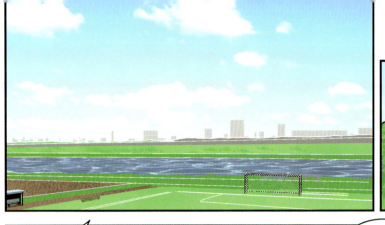
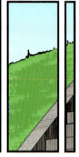

もうすぐ冬の県大会がはじまる！俺たち6年生にとっては最後の試合だ！

今日は負けたけど今度は絶対にストライカーズに勝とうぜ！

監督！みんな気合十分絶対勝ちますよ！

お——！

パート 1 基本を見直す練習！

練習 歩きながらパス ▶24ページへ

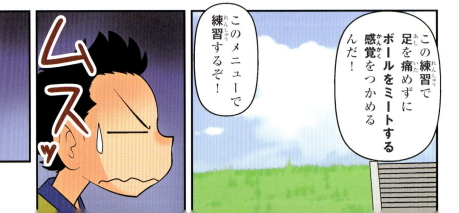

パート1 基本編 1

インサイドキックを見直す！

目的 パス、シュートなどで一番よく使うインサイドキック。正確にねらったところに蹴ることはもちろん、蹴ったあとにどう動くかまで考えて蹴れるようになろう。

練習メニュー：歩きながらパス

目安 5回×3セット

練習者

蹴ったあとに、すぐに次の動作にうつるための練習。「蹴ったら歩く」をくり返すことで、その意識を自然に身につけていこう。

蹴ったあとに動きを止めない！

受け手

1 練習者が受け手に向かってインサイドキックでパス。

5メートルほどはなれてスタート

2 蹴った勢いのまま、ボールに向かって歩く。

基本のおさらい

- おへそを相手の方向に向ける。
- 軸足のヒザは軽く曲げる。
- 蹴り足（右足）の足首は固定して内側で押し出すように蹴る。

ココで蹴る！

横から見て足の中心あたりで蹴ろう！

パート1 基本を見直す練習！

練習メニュー ラインころがし対決

正確なキックの感覚をつかむための練習。ラインを引いて、その上にまっすぐボールをころがし合おう。ラインから外れてしまったほうの負けだ。

ラインの上をころがす

トラップしてころがし返す

目安 5分

ゆっくりしたボールになれたら、助走をつけたりするなどレベルを上げて挑戦しよう。

蹴ったあと、重心が後ろに残っていると、体がのけぞり次の動作がおくれてしまう。

少し前かがみで蹴るイメージ

3 受け手は、ボールを止めたら後ろへ下がる。

4 受け手に向かってインサイドキックでパス。

パート1 基本編 2 インステップキックを見直す!

目的 もっとも強くボールを蹴れるのがインステップキック。足の甲でボールの中心にしっかりミートしないとブレてしまうので、強く正確に蹴るためのコツを身につけよう。

練習メニュー マーカーキック　目安 10回

マーカーコーンでボールを少し浮かせることで、ツマ先を地面にぶつけることなく足を振り抜くことができる。足の甲でボールをミートする感覚をつかもう。

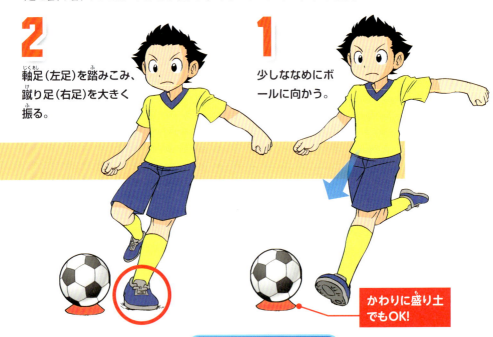

2 軸足(左足)を踏みこみ、蹴り足(右足)を大きく振る。

1 少しななめにボールに向かう。

かわりに盛り土でもOK!

基本のおさらい

強くボールを飛ばすためには、ボールの中心と足の重心をぶつけることが大切だ。

ボールの中心

ココに当てる

足の重心
足全体のツマ先から6割のところ、クツヒモのあたりに当てる!

4
6

パート1 基本を見直す練習！

うまくなるコツ！

助走の最後の1歩は「大股」にするイメージで

強いボールを蹴るためには、助走の最後の1歩を大きくとることが大切だ。自然に蹴り足のバックスイングが大きくなり、助走で生まれた勢いと、体全体のパワーをボールに乗せることができるぞ。

少し跳ぶように大きな1歩で踏みこもう！

4 自然に蹴り足を振り抜く。

3 足の甲でボールをミートする。

ボールの中心をねらう！

足を少しだけねかせよう

Vの字になるくらい足を振り上げる！

27

インフロントキックを見直す!

 ボールを浮かしたりカーブをかけたりするときによく使うインフロントキック。最初は大きく曲げることを意識するより、しっかり当てて回転をかける感覚をつかもう。

基本のおさらい

足の内側のツマ先に近いほうで蹴るのがインフロントキック。ボールを浮かす、カーブをかけるときなどによく使うぞ。

● ボールの下に足を差しこむ

ボールの下に足を差しこむイメージで蹴ると、ボールを浮かせることができる。

ボールをすくうように蹴る。

● ボールの横を切るように蹴る

ボールの横を切るように蹴ると、ボールをカーブさせることができる。

ボールに横回転をかけるように蹴る。

28

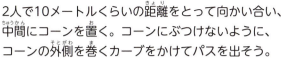

パート1 基本を見直す練習！

目安 5分

2人で10メートルくらいの距離をとって向かい合い、中間にコーンを置く。コーンにぶつけないように、コーンの外側を巻くカーブをかけてパスを出そう。

受け手

練習者

10メートルぐらいあけよう

ボールにななめの回転がかかるようにころがす

最初はボールをあまり浮かさないように、ゴロでコーンの外側を通す。受け手は、ボールを止めてインフロントキックで返そう。

●コーンを増やしてみよう

コーン1つをクリアできたら、コーンを増やそう。よりしっかりとカーブをかけないと、コーンにぶつかってしまうぞ。

✗

ボールを強くこすろうと足を振り上げすぎると、ボールの威力が弱くなる。インフロントにしっかりと当たれば、振り上げすぎなくてもボールは曲がるぞ。

アウトサイドキックを見直す！

パート1 基本編 4

目的 足の外側で蹴るアウトサイドキックは、ロングボールや相手の意表を突くパスなどで使える蹴り方だ。ヒザ下をするどく振って、うまく蹴れるようになろう。

トントンパス

練習メニュー

目安 10回

1 アウトサイドで細かくドリブルをする。

練習者

トン

トン

リズムよくトン！トン！と足の外側でタッチ！

「トン、トン」と2回アウトサイドでドリブルをして、その流れでパスを出そう。自然とアウトサイドで蹴りやすい位置にボールを置く感覚がつかめるぞ。動きを止めずにやることが大切！

基本のおさらい

ココで蹴る

足の小指から、くるぶしの間の面に当てる。

足首をやや内側に曲げて、ヒザから下の動きでボールにミートする。

蹴りたい方向に足の外側を向けるようにして振り抜こう。

パート **1** 基本を見直す練習！

練習メニュー 長距離パス

目安 5分

アウトサイドキックは、強く蹴って長い距離のパスを出すときにも使える。蹴り足と軸足がぶつからないように注意。

受け手

受け手の足元をねらおう！

練習者

軸足がボールに近いと足を振りにくいので、ボールのななめ後ろに軸足を置くのがコツだ。

軸足

最初は正確に当てることを意識してゴロで蹴ろう。なれてきたら、距離をはなして浮き球にチャレンジ。

受け手

受け手は練習者の蹴り足側に立つ

2 ドリブルの流れからアウトサイドキックでパスを出す。

パス

ヒザから下だけをするどく振る！

31

パート1 基本編 5

ボールをしっかりとらえる!

目的 どんな蹴り方でも、ボールをしっかりとらえる（ミートする）ことが重要だ。ジャストミートして、強くて正確なボールを蹴れるように練習していこう。

練習メニュー 浮き球キック

その場で細かいステップを踏みながら準備し、受け手が投げたボールに対して、1歩踏みこんで蹴り返す練習。インステップ、アウトサイドなど、さまざまなタッチでおこなおう。

目安 20回

練習者

1 細かくステップを踏んで準備する。

1歩踏みこんで蹴る!

2 相手が投げたボールを蹴り返す。

出し手

● **ウォーミングアップにも最適!**

ミート感覚をやしなうための練習だが、試合前や練習のウォーミングアップにやるのもよい。日によって足の感覚もちがうので、感触を確かめることができるからだ。浮き球だけでなく、ハーフバウンドなどでおこなってもいいぞ。

32

パート1 基本を見直す練習！

蹴り足のヒザで高さを合わせる

少し高いボールを蹴るときは、足を高く上げる必要がある。そのときに足が棒のように伸びていると高さを合わせにくい。ヒザをしっかりと上げ、曲げた状態で高さを合わせよう。

足が伸びきっていると、高さを合わせにくい。

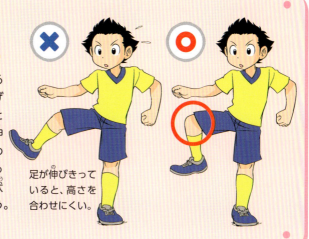

練習メニュー ネットでリフティング

ネットにボールに入れてリフティング練習。遊び感覚でいろんなタッチを確認しつつ、ミート感覚をやしなおう。

目安 **20**回

まずはボールの中心を蹴るようにしよう。

● いろいろな動きと組み合わせよう

正面のボールをしっかりとミートできるようになったら、横やななめ後ろにボールを投げてもらい、移動して蹴るのもいい。動きながら蹴るのではなく、ボールの正面にすばやく移動して、基本の形で蹴るようにしよう。

ねらったところに蹴る！

目的 サッカーでもっとも大切とも言えるのが、ねらった通りに蹴る技術だ。「サッカーボウリング」「パス＆ラン」などの練習で、楽しみながら身につけていこう。

サッカーボウリング

空き缶やペットボトルをボウリングのピンに見立てて、キックでボウリングをやってみよう。距離を伸ばしたり、ペットボトルに水を入れてピンを重くしたりしてもいいぞ。友だちと回数を決めて、倒せる本数を競い合ってみよう。

目安 10回

ピンが重いと、当てるだけでは倒れないので、少し強めに蹴ろう。

クロスバー当て

クロスバーに当たるように浮き球を蹴る練習。「当たった人から終わり！」などルールを決めてみんなでやってみよう。蹴り方は、インフロントですくうように蹴る、あるいはインステップでボールの下を蹴るようにするといいぞ。

蹴り方は人それぞれなので、「この蹴り方だったらここに飛ぶ」という自分の基準をまずつくってみる。そこから、「もう少し強く蹴る」「もう少しボールの下を蹴る」など調整していこう。

目安 10回

パス&ラン

目安 2分

パート1 基本を見直す練習！

自分も目標も動いているなかで蹴る「パス&ラン」に挑戦。5メートルくらい距離をとって2人で並び、前に走りながらパス交換をする。

1 相手の前方にパス。

2 まっすぐ前に走る。

3 相手から来たボールを相手の前方にパスで返す。1〜3をくり返す。

体と軸足は蹴るほうに向ける

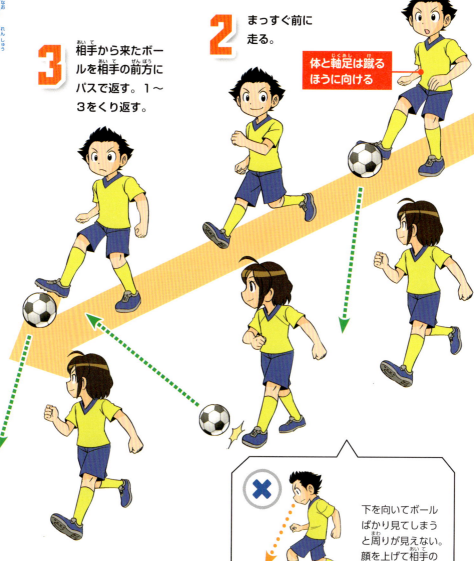

✕ 下を向いてボールばかり見てしまうと周りが見えない。顔を上げて相手の位置をしっかりと確かめよう。

強いカラダをつくる3つの要素

運動と食事 1 カラダと能力をグングン伸ばす！

安定性
→ P68

カラダの軸がブレないように動ける能力のこと。芯がしっかり通っているようにカラダが安定すれば、より強いパワーを発揮できる。

協調性
→ P100

カラダを思った通りに動かせたり、上半身と下半身など別の部分を連動して動かせること。走る、蹴るなどの動きが必要なサッカーでは、とても大切。

手と足が連動して動く！

カラダの軸がブレない！

可動性
→ P68

カラダを動かせる範囲のこと。大きく動かすことができれば強いパワーも出せるし、ケガの予防にもつながる！

手足がよく動く！

体の能力を上げよう！

強いカラダをつくるには、可動性、安定性、協調性の3つをきたえることが大事だ。

可動性とは、大きく体を動かすこと。股関節や足首、足の指先の動かせる範囲を広げることが大切なんだ。安定性とは、体の軸をしっかりさせること。軸が安定すれば、足先まで力強く動かしボールを蹴ることができるぞ。協調性とは、たとえば手と足を連動して動かすこと。手だけ足だけでなく、いろんな部位をムダなく動かすことがサッカーにおいては大切なんだ。

次の特別ページ（→P68）から、それぞれをきたえられるメニューを紹介するよ。

36

パート2 トラップ編

トラップのスキルアップ練習！

パート2のポイント

ゴロの球でも浮き球でも、ねらい通りにボールを止めることができれば、次のプレーの質がグッと高まるぞ。まわりをしっかりと見て、状況によってトラップを使い分けられるようにレベルアップしていこう。

なんだよ…この練習…

サッカーをやってるのになんでドッジボールなんか…

よしっ！次はサッカーバレーだ！

はあぁぁ？バレー？

練習 サッカーバレー ▶59ページへ

浮き球のコントロールが身につく練習だ！

基本ルール
- リフティングでバレーボールをおこなう。
- 3タッチ以内で相手に返す。
- ボールを落としたら負け。
- 足でのアタックは禁止（ヘディングはOK）。

「受ける」「コントロールする」「返す」の3タッチでやってみよう

じゃんけんルックアップ

▶ 63ページへ

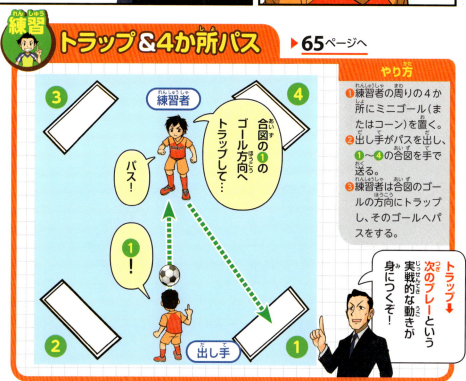

足トラップの基本&練習法！

目的 正確にトラップできるようになると、次のプレーにつなげやすくなり、プレーの質がグッと上がる。まずは、ゴロのボールを足でピタッと止める技術をマスターしよう。

基本の足トラップ

● インサイドトラップ

インサイドトラップのいいところは、次のプレーにつなげやすい位置にボールを止めやすいこと。足を引くというより、勢いを吸収するように受け止めよう。

2 力を抜いてボールを受け止める。

1 足の内側をボールに向ける。

足を少し浮かせる！

● 足の裏でトラップ

少しボールがはずんでいるゴロでも、ピタッとボールを止めやすいのが足の裏トラップだ。しっかりボールの正面に入ってから止めよう。

2 ツマ先で押さえこむように止める。

1 足の裏をボールに向ける。

45°ぐらいの角度でむかえる！

54

パート2 トラップのスキルアップ練習！

ゴロパスドッジボール

目安 10分

手ではなく足を使い、ゴロボールに限定したドッジボールをやってみよう。蹴るほうはなるべく強いボールを蹴ると、両者にとっていい練習になるぞ。

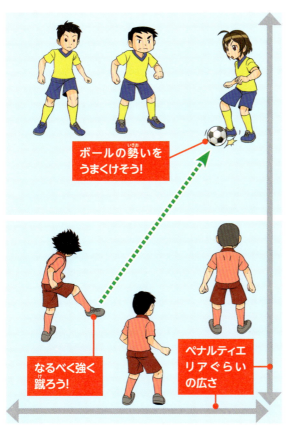

ボールの勢いをうまくけそう！

なるべく強く蹴ろう！

ペナルティエリアぐらいの広さ

基本ルール

- インサイドパスでドッジボールをおこなう。
- 同じ人数でチームに分かれて、ペナルティエリアほどの広さでおこなう。
- ボールをピタッと止めたらセーフで、ハネたらアウト。
- アウトになった人はコートから抜け、全員アウトになったほうが負け。
- 浮き球は禁止。

ステップを踏みながらかまえる！

ボールを受けるとき、棒立ちの状態だと、反応がおくれてしまう。軽くステップを踏みながら、つねにどこへでも動ける状態でかまえるようにすると、トラップしやすくなるぞ。

右へきた！

ステップを踏んでいると、ボールに反応しやすい。

タン タン

パート2 トラップ編 2

モモ・胸トラップの基本&練習法！

目的 浮いているボールをトラップするのによく使うのが、モモと胸だ。高く上がったボールでも、正しいやり方をマスターすれば、ピタッと止められるようになるぞ。

基本のモモトラップ

モモの広い部分でボールの勢いを吸収するように受け止める。

まん中のやわらかい部分でトラップ！

ヒザ近くのかたいところに当てると、ハネてしまうので注意。

基本の胸トラップ

胸の左右どちらかの筋肉の部分でボールを受け止める。

体全体で勢いを吸収！

胸の中心にある、かたいあばら骨に当てないように注意。

練習メニュー

いろんなボールでトラップ

サッカーボール以外のボールを使えば、レベルに応じて難易度を変えた練習をおこなうことができるぞ。

テニスボール

かたくて小さいので、正確なコントロールが必要。上級者向けだ。

空気の減ったボール

ボールがヘコみやすいため、ハネにくい。トラップの感覚をつかむのに役立つぞ。

バレーボール

軽いため、体に当たってもあまり痛くない。高く上がったボールのトラップなどの練習に。

56

練習メニュー リフティング➡トラップ

パート2 トラップのスキルアップ練習!

リフティングからボールを高く上げ、トラップする練習だ。うまくできるようになったら、だんだんと高くしていくことでレベルを上げよう。

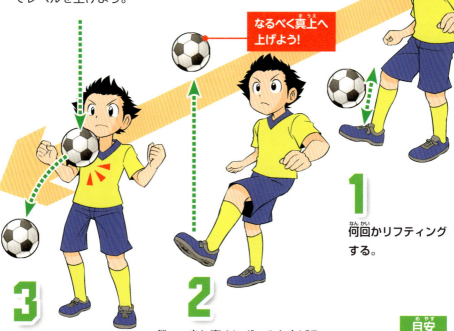

なるべく真上へ上げよう!

1 何回かリフティングする。

2 少し高めにボールを上げる。

3 落ちてくるボールを、モモか胸でトラップして足元に落とす。

目安 10回

ヒザを軽く曲げる

モモや胸だけでなく、体全体を使わないとボールの勢いは吸収しきれない。そのためには、ヒザを軽く曲げてクッションのようにして、体全体で受け止めるようにしよう。

モモトラップ
片足でバランスをとる。

胸トラップ
両足を軽く曲げる。

浮いたボールをコントロール！

目的 浮いているボールを足元に落とすだけではなく、浮いたまま次のプレーにつなげることも試合の中では大切だ。ゲーム形式を取り入れて、楽しくレベルアップしよう。

しりとリフティング

基本ルール
- リフティングして、しりとりの言葉を返すときにボールも相手に返す。
- 言葉を返す前にボールを落とすと負け。

しりとりをしながら、2人でリフティングするゲーム。頭を使いながらおこなうことで、試合中に考えながら動くクセをつけられるぞ。

目安 5分

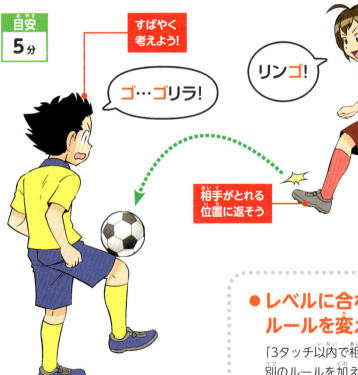

すばやく考えよう！

ゴ…ゴリラ！

リンゴ！

相手がとれる位置に返そう

相手の考える時間を少なくするため、高く上げすぎないのも手の1つ。受けるほうは、少し高めにトラップすれば考える時間がとれるぞ。

●レベルに合わせてルールを変えよう

「3タッチ以内で相手に返す」など、別のルールを加えてレベルを調整してみよう。しりとりのお題をしぼったりしてもいいぞ。「頭で考える」「プレーする」を同時におこなう感覚をつかもう。

58

サッカーバレー

目安 5分

バレーボールのようにリフティングするゲーム練習。相手からのボールを「受ける」「コントロールする」「返す」の3タッチでやってみよう。

基本ルール
- ボールを落としたら負け。
- 3回以内に相手に返す。
- 足でのアタックは禁止。

パート2 トラップのスキルアップ練習！

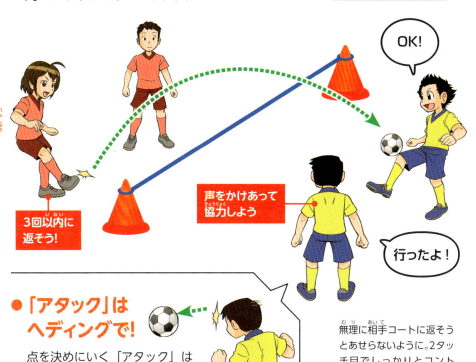

- 3回以内に返そう！
- 声をかけあって協力しよう
- OK!
- 行ったよ！
- 無理に相手コートに返そうとあせらないように。2タッチ目でしっかりとコントロールすることが大切だ。

●「アタック」はヘディングで！

点を決めにいく「アタック」はヘディングでしよう。ヘディングシュートの練習にもなるぞ。

● テニス風の練習もおもしろい！

相手との距離を広げて、バウンドもありの「テニス」ルールもいいぞ。バレーよりも、低くてするどいボールのやり取りの練習になる。

バウンドさせて返そう。

59

パート2 トラップ編

動きながらのトラップ！

目的 試合の中では、止まった状態でボールを受けることは少ない。動いている状態でトラップする練習をおこなって、試合でも確実にトラップできる技術を身につけよう！

ターン＆トラップ

目安 5回

ボールの落下地点にすばやく走りこんでトラップする練習。ターンしてボールを追うことで、より実戦に近い状況での練習になる。

練習者

1 ボールを持つ出し手に向かってダッシュ。

なるべく早く落下地点に向かうことが大切なので、余裕があればモモでボールをトラップしてもいいぞ。

4 足を使ってボールをコントロール。

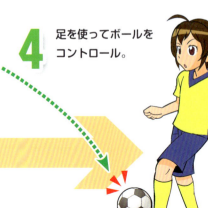

✕ 足を伸ばしてボールをむかえにいくと、バランスがくずれる。なるべく体に近いところでトラップしよう。

60

パート2 トラップのスキルアップ練習！

練習メニュー
ダッシュで トラップ&パス

パスを走りながらトラップしてパスをくり返す練習。最初はゆっくり、だんだんと走るスピードを速くしよう。

目安 10回

1 パスを受ける地点まで走り、走りながら足でボールをトラップ。

2 出し手にパスを返し、スタート地点にもどる。

出し手

タッチ！

2 出し手が持っているボールにさわる。

3 出し手がボールを投げたらターンしてダッシュ。

走りながらボールを見る

61

パート2 トラップ編 5
顔を上げてトラップ！

目的 トラップするときもボールだけを見ずに、ルックアップして（顔を上げて）、周りを見ることが大切。試合中にルックアップできるようになるため、練習をしよう。

合図でトラップ＆パス

顔を上げてトラップして、出し手が示す相手にパスする練習。トラップをする前にルックアップして、周りを確認するクセをつけよう。

目安 10回

受け手／練習者

出し手／受け手

1 出し手が練習者にパスを出す。

トラップ前に出し手の合図を確認！

左!!

出し手にボールを返す

2 出し手は手を上げてパス相手を示す。

3 ボールをトラップしたら、合図（上げた手）のほうの味方へパスを出す。

パート2 トラップのスキルアップ練習！

練習メニュー じゃんけんルックアップ

右ページの練習の発展形。じゃんけんの結果が合図になるので、より周りを見ることが必要になるぞ。

目安 10回

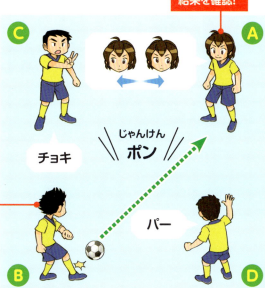

顔を上げて、ジャンケンの結果を確認！

「ポン！」でパスを出す

1 CとDがじゃんけんをする。「ポン！」の合図でBがAにパスを出す。

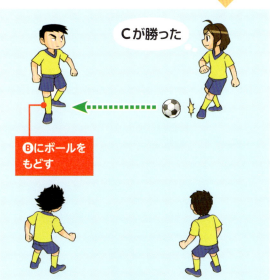

Cが勝った

Bにボールをもどす

2 Aはじゃんけんに勝ったほう（C）にパスを出す。

● ルックアップはなぜ大切か？

人（味方と相手）とボールがつねに動いているサッカーでは、周りの状況が見えているかどうかで、次のプレーに大きく差が出る。そのため、ボールを受けてから周りを見るのではおそい。ボールを受ける前に状況を確認、判断してから、プレーできることが大切だ。

パート ② トラップ編

6 次の動作につなげるトラップ！

目的 トラップは足元にボールを止めるだけでなく、次につなげることが重要だ。ファーストタッチを次の動作につなげるための練習をしよう。

逆回転トラップ

目安 10回

次の動作につなげるため、インサイドまたはアウトサイドでボールに軽く逆回転をかけて、自分の少し前にボールを止める練習。インサイドは蹴り足と反対側、アウトサイドは蹴り足側にボールを置きやすいぞ。

ボールに逆回転をかけよう。

1 足の内側をボールに向けてかまえる。

2 上から下にボールを軽くこするようにしてトラップする。

アウトサイドでも同様に軽く逆回転をかける。

3 自分の少し前にボールを止める。

64

パート2 トラップのスキルアップ練習！

トラップ＆4か所パス

目安 10回

前後左右にゴールもしくはコーンを設置して、それらをめがけてパスする練習。ファーストタッチで、パスする方向にボールをコントロールできるようにトラップしよう。

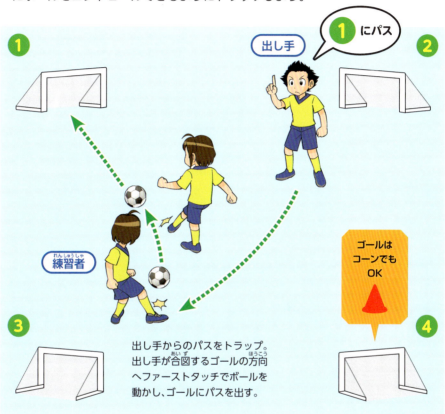

出し手からのパスをトラップ。出し手が合図するゴールの方向へファーストタッチでボールを動かし、ゴールにパスを出す。

ゴールはコーンでもOK

● まうしろへは体を開いてターン

上の練習で❸に蹴るときは、体を横に開いて、インサイドでターンをしよう。軸足を少しだけ浮かせるとスムーズにターンができ、次のプレーにうつりやすい。

65

パート2 トラップ編 7

相手をかわすトラップ！

目的 ボールを受けるタイミングをねらってくる相手に対しては、体をうまく使ってフェイントトラップをかけるのがいい。トラップで相手をかわす技術をマスターしよう。

練習メニュー：左右にフェイントトラップ！

目安 10回

相手がくる方向によってトラップのやり方を変える練習。オープントラップ、リバーストラップをうまく使い分けよう。

練習者は相手をかわしたら、AゴールかBゴールのどちらかを目指してドリブルしよう。

● 左から相手がくるときは……「オープントラップ」

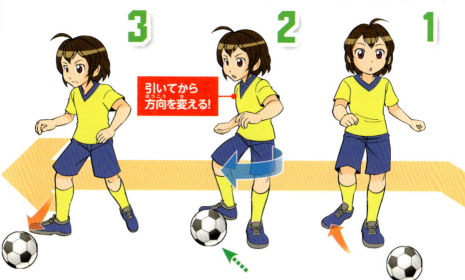

● 右から相手がくるときは……「リバーストラップ」

可動性・安定性を高めよう！

カラダと能力をグングン伸ばす！ 運動と食事 2

可動性を高めるメニュー！

■ 足指ぞうきんしぼり

足の指先の感覚がボールタッチの向上には大切。ぞうきんをしぼるように足の裏や指先をひねり、足をやわらかくしよう。ケガの予防にもなるぞ。

足の指の間に手の指を入れてひねろう。

■ クッションつぶし

片足を曲げて反対の足のヒザの近くに乗せる。曲げた足のヒザ下にクッションを置き、お尻が浮かないようにクッションを押そう。

左右両方おこなう。ヒザ、股関節がよく動くようになるぞ。

安定性を高めるメニュー！

■ 風船ふくらまし

あおむけ、よつんばい、ヒザ立ちなどいろいろな体勢で風船をふくらますことで、腹式呼吸（お腹の筋肉を使った呼吸）を身につけ、お腹まわりをきたえるメニュー。カラダの中心が安定すれば、強いボールを蹴ることができるようになるぞ。

ヒザ立ち

よつんばい

あおむけ

68

パート3 ドリブル編

ドリブルのスキルアップ練習！

パート3のポイント

ドリブルがうまくなれば、相手を抜いてゴールを決めることもできるし、相手にボールをうばわれないようにキープすることもできる。足のいろんな部分を使いながら、自由自在にボールを運ぶ技術を身につけよう。

県選抜練習グラウンド

颯太は県の選抜メンバーに選ばれていて今日は定期練習に参加していた

よし！各自ボールタッチの練習でウォーミングアップだ！

はい！

ピー

ああストライカーズか…前は強かったらしいな！

神谷修吾
FCアッシュのGK
県選抜メンバー

練習 「3」のリズムでボールタッチ ▶89ページへ

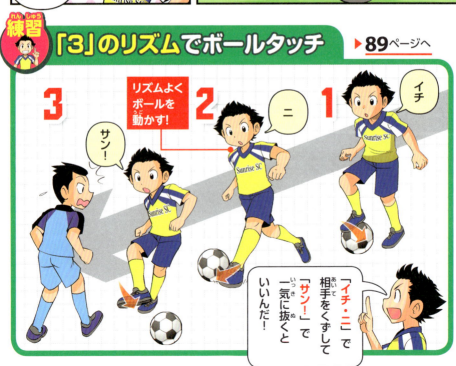

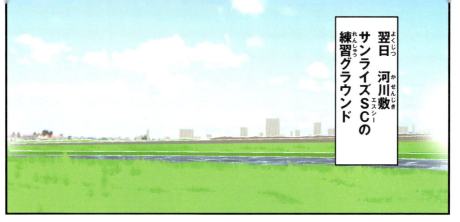

ドリブル鬼ごっこ（上級編）

パート3 練習 ドリブルのスキルアップ練習！

▶93ページへ

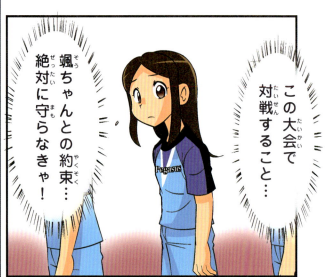

ドリブルの基本&練習法!

パート3 ドリブル編 1

目的 まずは、まっすぐドリブルできるようになろう。インサイドやアウトサイドを使って左右に方向転換ができるようになったら、次第にスピードアップしていこう!

ドリブルの基本をおぼえる

小きざみなタッチでリズムよくボールを前に運ぶのがドリブルの基本。なるべくボールと体がはなれないようにするのが大切だ。

1 走りながらボールの横に左足をつく。

2 右足の甲でボールにタッチしてボールを前に押し出す。

3 タッチした右足はそのまま着地。1にもどってくり返す。

●方向を変えるとき

アウトサイドで右へ　　インサイドで左へ

86

パート3 ドリブルのスキルアップ練習！

練習メニュー コーンドリブルレース

目安 10本

コーンの間をジグザグに進むドリブルは、ドリブルテクニックをみがく基本練習。レース形式で、2人で並んでどちらが早くゴールを通過できるか、競争してみよう。

ゴール！

細かくタッチしてなるべくコーンの近くを通過！

スタート！

最初は下を向いていいのでスピードを重視したドリブルで進もう。ボールタッチになれてきたら、顔を上げてできるようにしよう。

うまくなるコツ！

「軸足をなくす」ことでボールははなれない

ドリブルしているときに軸足（ボールにさわっていないほうの足）をベタッと地面についてしまうとブレーキがかかり、ボールと足がはなれてしまいがち。軸足のカカトを浮かせることを意識して「軸足がない」状態でドリブルしてみよう。

左足がベタッとつくとスピードに乗れない。

左足のカカトを浮かすようにドリブルしよう。

87

ボールタッチの精度を上げる!

 ボールタッチがうまくなると、進む方向を変えたりターンしたりしやすくなるぞ。相手を抜きやすい「3」のリズムで、ボールタッチする技も身につけよう。

基本のボールタッチをおぼえる

●インサイド

足の内側でタッチ。蹴るのではなく、足の内側でボールを引きずるイメージ。

●アウトサイド

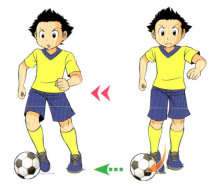

足の外側でタッチ。足首をななめにねかせてボールを押し出すイメージ。

●インサイドロール

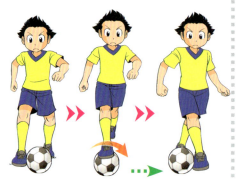

足裏でボールを内側にころがす。ボールの上を足でなぞるイメージ。

●アウトサイドロール

足裏でボールを外側にころがす。ボールをまたぐようになぞるイメージ。

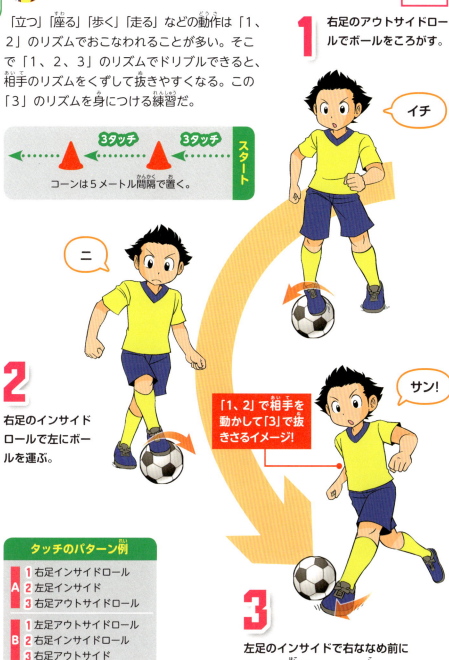

顔を上げてドリブル！

目的 ドリブルがうまい選手は、相手や周りの状況、スペースを見てとり、そこに上手に運ぶことができる。顔を上げてドリブルするための練習に取り組もう。

ドリブル追いかけっこ

目安 1分×5セット

コーンを4つ並べて、一人がコーンの周りを自由にドリブルし、もう一人がはなされないようにドリブルしながらくっついていく練習だ。ついていくには、前の人の動きをよく見て動きを予想しないとできないので、相手の動きを読む練習にもなるぞ。

相手からはなされない！

● 相手もボールも視野に入れる

2人の距離を少し広げて、10秒以内に追いついたら後ろの人に1点、追いつかれなかったら前の人に1点など、ゲーム形式でやってみてもいいぞ。

相手だけやボールだけを見るのではなく、全体を見るように意識してやろう。

90

パート3 ドリブルのスキルアップ練習！

追っかけドリブル

横への移動に限定したドリブル練習。先に動く人と追う人を決めて、同じ方向にドリブル。上半身の動きを見て、相手の動きを予測しよう。

目安 1分× 3セット

ドリブルで相手を抜くためには、相手の逆をとることが必要だ。この練習で先に動く側は、自ら相手を動かして、その動きの逆をとって相手についてこられないようにしよう。

ドリブル鬼ごっこ（初級編）

2つのコーンのまわりで鬼ごっこをやろう。鬼がくる方向と、逆方向にドリブルで逃げよう。

目安 1分× 3セット

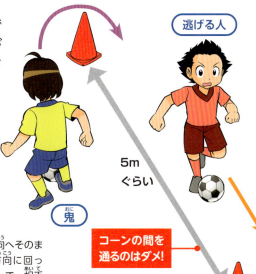

コーンの間を通るのはダメ！

鬼は、相手の逃げる方向へそのまま追いかけたり、逆方向に回って追いかけたりすることで、相手とのかけ引きを学べる練習だ。

パート3 ドリブル編 4

緩急をつけたドリブル！

 目的　相手をドリブルで抜くには、スピードに緩急をつけると効果的だ。相手を抜いたり、スキをつくってパスを出したりすると、プレーの幅がグッと広がるぞ！

だるまさんが転んだ

ドリブルで鬼に近づいていく「だるまさんが転んだ」を応用した練習。全力→ストップとくり返すことで、ドリブルの緩急を身につけよう。

目安 10分

基本ルール
- 鬼が後ろを向いている間はドリブルしていい。
- 鬼が振り返ったら、ボールを止める。ボールを止められなかったらアウト。

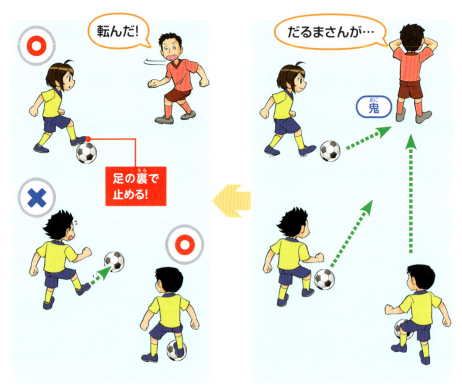

1 ドリブルしながら鬼に向かう。

2 鬼がこちらを向いたらストップ！

ドリブル鬼ごっこ（上級編）

目安 1分×5セット

パート3 ドリブルのスキルアップ練習！

エリアの中に何人か鬼を配置して、鬼ごっこをする練習だ。鬼は相手を追いつめる意識で動き、逃げるほうは、どこに逃げたらいいかを考えながらドリブルをしよう。

基本ルール

- 合図で、鬼からドリブルでいっせいに逃げる。鬼もドリブルで追いかける。
- 鬼に手でタッチされたらアウト。鬼を交代する。

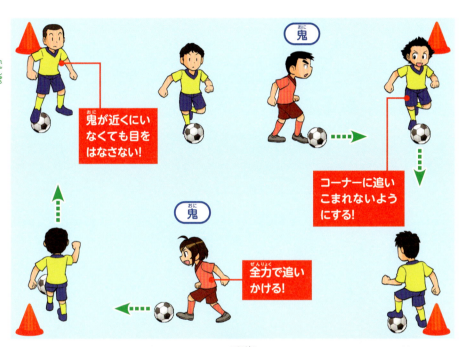

鬼が近くになくても目をはなさない！

コーナーに追いこまれないようにする！

全力で追いかける！

● **スピードの変化で鬼をかわそう！**

ただ全力で逃げ続けても、いつかは疲れてつかまってしまう。おそいドリブルで鬼を引きつけ、一気に加速して逃げる……など、緩急をつけたドリブルをすることが大切だ。

ゆっくりのドリブルで鬼が寄ってきたら……

グイッと加速して鬼を突きはなす！

ターンでかわす！

目的 ドリブルでうまくターン（方向転換）ができれば、相手はついてくるのがむずかしい。さまざまなターンを使い分け、すばやいターンで一気に相手を振り切ろう。

コーン間ターン

2つ並べたコーンの間で、ドリブル→ターンをくり返す練習。すばやく切り返すドリブルを意識しよう。

目安 30秒×3セット

距離を長くすればそのぶんトップスピードを出せるので、レベルに応じて調整しよう。

すばやいターンの秘けつは「上半身」にあり

ターンを速くしようとすると足元にばかり注意がいきがちだが、大切なのは実は上半身。ドリブル中は上半身が前かがみになって前方に力がはたらいているので、ターンのときに意識して上半身を逆にかたむければ、一気に方向を変えることができるのだ。

ターンするときに、上半身をかたむける。

パート3 ドリブルのスキルアップ練習！

いろんなターンを身につけよう

● インサイドターン

インサイドでボールを止めてから、体の向きを変えるターン。遠くまで足が伸ばせるので、ボールが少し足からはなれていてもターンが可能だ。

● アウトサイドターン

アウトサイドでボールを止めてから、体の向きを変えるターン。足を軸にすることで、小回りの利いたターンができる。

● 足の裏ターン

足の裏でボールを止めたあと、体を反転させながら左右の足を入れ替えるターン。入れ替えた足を軸にして、次の動きでトップスピードに乗りやすい。

フェイントをかけて抜く!

目的 相手を抜くためには、相手の逆をとるフェイントのテクニックが必要だ。まずはコーンを相手に見立てて、練習していこう。

VSコーンフェイント!

 目安 10回

相手を抜くためには、相手の逆をとるフェイントのテクニックが役に立つ。まずはコーンを相手に見立てて、いろいろなフェイントを練習していこう。

ボールがコーンに当たらないように!

● シザース

内側から外側に左足でボールをまたぎ、右足アウトサイドでななめ前へ抜け出す。

● ルーレット

右足でボールを引き、体を回転させながら左足に切り替え、再び右足で抜け出す。

● ステップオーバー

右足で外側から内側にボールをまたぎ、切り返して右足アウトサイドでななめ前へ抜け出す。

練習メニュー クリロナターン

パート3 ドリブルのスキルアップ練習！

ポルトガルのクリスティアーノ・ロナウド選手が得意な切り返しフェイント。トップスピードで相手と並走しているときに有効な技だ。くり返し練習して身につけよう。

目安 10回

1 相手と並走しながらトップスピードでドリブルをする。

（練習者）（相手）

2 軽くジャンプして、左足が前、右足が後ろになるようにクロスする。

右足首は固定して「パン！」と強めにボールをはじく

3 右足の着地と同時にインサイドでボールをはじく。左足はそのボールを避けるように前へ出す。

4 体のバランスがずれないようにしつつ、左ななめ前へ抜け出す。

● **正面にいる相手に効果はない**

クリロナターンは、並走している相手のスピードを利用して入れ替わりたいときに効果的。正面にかまえている相手に対しては効かないぞ。

97

相手からボールを守る！

目的 相手からボールをうばわれないようにキープすることも、ドリブルの大事な技術だ。ボールを守るための基本を押さえて、ゲーム練習で身につけていこう。

ボールキープの基本をおぼえる

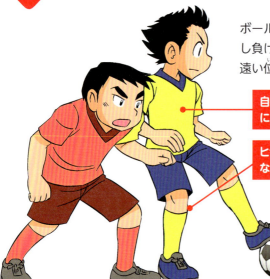

ボールをキープするためには、相手に押し負けない体勢をとりながら、相手から遠い位置にボールを置くことが大切だ。

- 自分の体重を相手にあずける
- ヒザを使って重心をなるべく低くキープ
- 相手から遠いほうの足でボールを動かす

腕を使って相手の位置を知ろう

腕を広げて相手の位置を確認し、相手がどこからねらっているのかを知って、相手から遠い位置にボールを動かそう。ただし、相手を押さえこんだり、ヒジを相手にぶつけたりするとファールになるので注意。

相手の動きに合わせてボールも動かそう。

パート3 ドリブルのスキルアップ練習！

練習メニュー ボールキープゲーム

目安 **10回**

ボールをキープして、何秒たえられるか勝負！ 相手がボールをさわったら交代しよう。体に触れてはいけないルールにすると、相手は積極的に回りこんでくるようになるので、パワーよりもテクニックが必要な練習にもできるぞ。

1 練習者の後ろに、相手がボールを持って並ぶ。

2 相手は練習者の頭を越えるようにボールを投げる。

> なるべく早くボールに追いつこう！

> 腕を広げて相手をブロック！

● **キープから相手を抜く！**
ボールをキープするだけでなく、回りこんでくる相手の動きを利用してターンをしかけ、抜く練習にもチャレンジしよう！

3 ボールを止めて、キープする。

カラダと能力をグングン伸ばす！運動と食事 3

カラダを連動させる協調性を高めよう！

協調性を高めるメニュー！

● ペットボトル持ち上げ

ねころがって手のひらを上に向け、その上に水を入れたペットボトルを置く。ペットボトルが倒れないようにしながら、立ち上がるというメニューだ。手や足を同時に動かす力をやしなうことができるぞ。立ち上がったら、今度は元の体勢にもどるのもやってみよう。

1

片足を立ててねた状態で、ペットボトルを片手のひらに乗せる。

2
そのまま上半身を起こす。

3

伸ばしていた足を引きながら、ヒザ立ちになる。

4

両足で立ち上がる。

これもやってみよう！

● バランス力トレーニング

やわらかいクッションなどの上に片足で立ち、ゴムボールなどを投げてもらってキャッチするメニュー。計算クイズに答えながらキャッチしたり、言われた数字によってキャッチする手を変えたりしてみよう。運動をしながら、サッカーに必要な「動きながら考える力」もきたえることができるぞ。

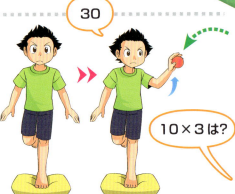

30

10×3は？

100

パート4 シュート編

シュートのスキルアップ練習！

パート4のポイント

力強いシュートを、GKの手の届かないところへ蹴ることがゴールを決めるためにもっとも必要なこと。いろいろな形でシュートを蹴る練習をおこなって、どんな状況からでもゴールを決める力を身につけよう。

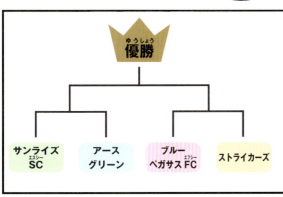

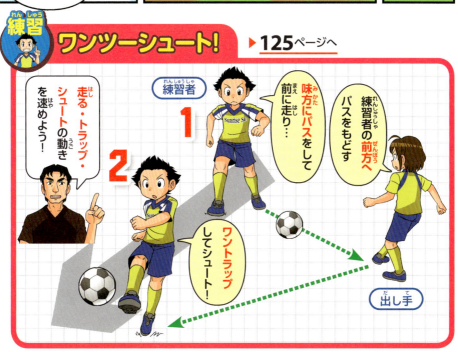

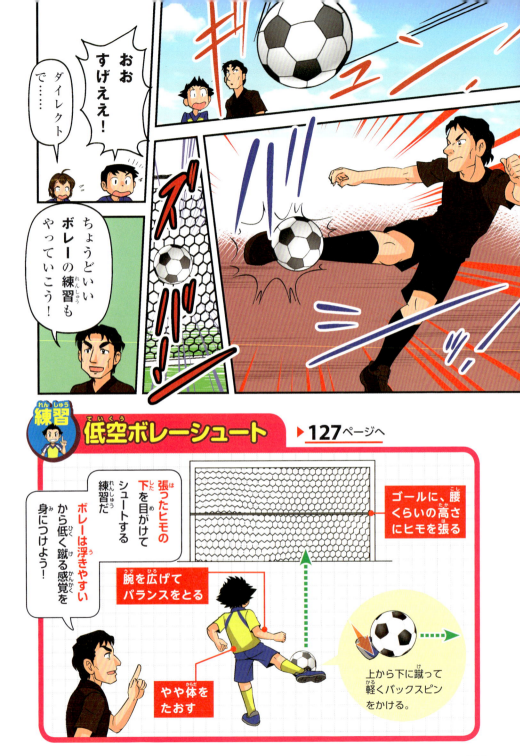

力強いシュートを蹴る！

目的 力強いボールを蹴るためには、軸足の踏みこみが大切。力がしっかりボールに伝わる踏みこみをおぼえて、低くて速い「弾丸シュート」を蹴れるようになろう。

軸足を蹴ると同時に浮かせる

3 蹴った瞬間に軸足を少し浮かせる。

2 インステップでボールをとらえる。

1 ボールの真横あたりに軸足を踏みこむ。

助走の勢いをキックに乗せる

フワッ

蹴るときに軸足を深く踏みこみすぎると、そこでブレーキがかかってしまい助走の勢いがボールに伝わらない。フワッと跳ぶように少し軸足を浮かせれば、勢いがボールにしっかりと伝わり、強いボールを蹴ることができるのだ。

力の流れを止めてしまう

軸足を強く踏みこみすぎるとブレーキがかかり力が逃げる。

パート4 シュートのスキルアップ練習！

練習メニュー ケンケンシュート

「ケン、ケン」のリズムでボールに近づき、3歩目の着地でシュート！　蹴るときに、地面に軸足が着いたら浮かせる動きを身につけよう。

目安 10回

ケンケンの幅を大きくするとボールへの踏みこみがむずかしい。最初は小さな幅からはじめてみよう。

練習メニュー クツ飛ばし

クツを遠くへ飛ばす練習。助走の勢いをボールに乗せる感覚を身につけよう。

軸足を深く踏みこみすぎたり、上半身が反ると上に飛んでしまうので注意。

目安 10回

2 助走の勢いで前へクツを飛ばす。

1 クツヒモをゆるめて浅くはき、線のところまでダッシュ。

ねらったところに決める！

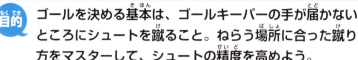

目的 ゴールを決める基本は、ゴールキーパーの手が届かないところにシュートを蹴ること。ねらう場所に合った蹴り方をマスターして、シュートの精度を高めよう。

ゴールの中のゴールにシュート！

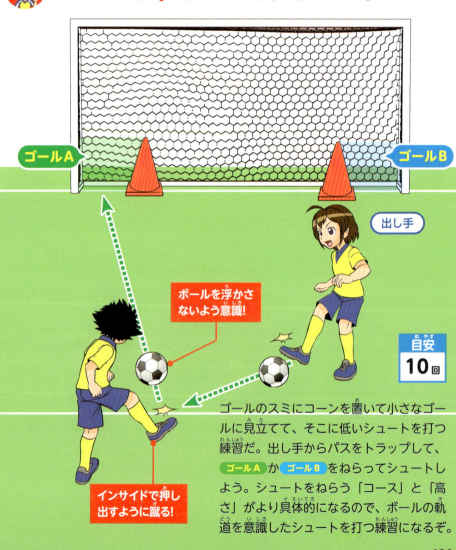

ゴールのスミにコーンを置いて小さなゴールに見立てて、そこに低いシュートを打つ練習だ。出し手からパスをトラップして、**ゴールA** か **ゴールB** をねらってシュートしよう。シュートをねらう「コース」と「高さ」がより具体的になるので、ボールの軌道を意識したシュートを打つ練習になるぞ。

ゴールのねらいどころと蹴り方

パート4 シュートのスキルアップ練習！

- インステップで強いシュートを打つ。

- インフロントでカーブをかけて打つ。
- アウトサイドでスライスするようにシュートを打つ。

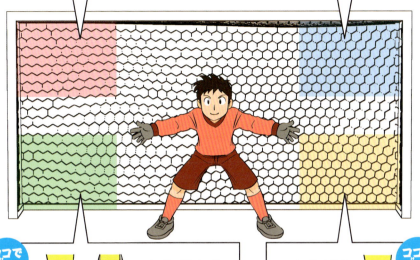

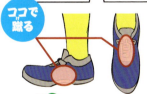

- インサイドでころがすように蹴る。
- インステップで低くて速いシュートを打つ。

- インサイドでカーブをかけてころがす。

うまくなるコツ！

シュートは「ゴールへのパス」というイメージで蹴ろう

低いシュートをねらったところに打つことは、たくさんゴールするための第一歩。「シュートはゴールへのパス」と言われるように、まずはインサイドで、浮かさないように、ゴールのスミへころがすシュートを打てるようになろう。

ボールを浮かさないように。ゴールスミにころがそう。

パート4 シュート編 3 ドリブルからシュートを決める!

目的 試合の中で、止まったボールでシュートを打てることは少なく、ドリブルから打つことのほうが多い。ドリブルとシュートを流れの中でおこなえるように練習しよう。

 ### 後ろからシュート!

目安 10回

出し手に後ろからボールをころがしてもらい、走って追いついてシュート。ボールが前にころがっており、自分も前に走っているのでボールに勢いを乗せやすく、低くて速いシュートを打つ練習になる。

練習者

出し手

● 軸足は少し先に

ドリブル中は前にボールがころがる。シュートの直前はボールの進む少し先に軸足を置き、シュートの瞬間にボールが真横にくるようにしよう。

122

コーンドリブルシュート！

目安 10回

コーンを相手に見立てて、相手をかわしてシュートまでの流れをイメージしながらやってみよう。なれてきたら、コーンの数を増やしたり配置を変えたりしてみよう。

コーンを抜いたらなるべく早くシュートを打つ！

シュートまでに時間がかかると、試合では相手に止められてしまうぞ。

パート4 シュートのスキルアップ練習！

● タッチ➡踏みこみ➡シュートのリズム

最後のコーンをかわしてから、なるべく早くスムーズにシュートを打とう。

3 シュート！のリズム
2 左足を踏みこむ
1 コーンを右足でかわす

トラップしてシュートを決める！

目的 正確なシュートを打つためには、トラップするときのボールコントロールが大切だ。さらに、トラップでGKを動かして、シュートする技術も練習しよう。

トラップでシュートコースをつくる

シュートコースがせばまっている状況でも、トラップしてボールを動かすことでシュートが決まる確率は高くなる。GKを動かすにもトラップは大切なので、シュート前のトラップはしっかり考えておこなおう。

その場にトラップすると…

トラップでボールを動かすと…

ワンツーシュート！

目安 10回

味方にパスを出し、リターンパスをワントラップしてシュートする練習。トラップでGKを動かし、シュートコースをつくり出そう。

パート4 シュートのスキルアップ練習！

3 GKの位置を見て、空いているコースにシュートを打つ。

出し手

トラップは体の近くに

2 味方からのパスをトラップする。

1 味方にパスを出して、ゴール前に走る。

練習者

● **スピードを落とさないように**

走る、トラップ、シュートの動きはできるだけ速くやろう。そうすることで、GKがシュートに対して準備する時間を少なくすることができるのだ。

125

パート4 シュート編 5

浮き球からシュートを決める！

目的 サイドからのクロスボールは、試合でもゴールに結びつくことが多い。正しい蹴り方を身につけて、浮き球を確実にゴールへ打ちこめるようになろう！

ボレーシュートの基本をおぼえる

浮き球からのシュートの1つであるボレーシュート。空中にあるボールをとらえて、速い弾道でゴールネットに突きさそう。

1

やや体をたおして蹴り足を振り上げる。

2

ボールから目をはなさない！

体を開きながら、ヒザからボールに向かう。

3

足を水平に振ってミート。そのまま振り抜く。

● 蹴り足は下に抜ける

浮き球は、ボールが上へ飛びがち。インステップでミートしたら、ボールの下に抜くイメージで振り抜こう。

ボールの下を蹴って軽くバックスピンをかけるように蹴る。

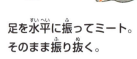

126

パート **4** シュートのスキルアップ練習！

練習メニュー つり球ボレー

目安 **20回**

ネットに入れたボールをクロスバーなどにつるして、ボレーシュート。高さを調整して、いろいろな高さのボールをミートできるようになろう。

上ではなく前にボールを飛ばすように蹴ろう。

きれいにミートできれば、まっすぐボールが返ってくるぞ。

練習メニュー 低空ボレーシュート

目安 **10回**

ボールを投げてもらって、ボレーシュートを打つ練習。ボレーは低い弾道で打つことがキモなので、ゴールの上下半分くらいのところにヒモで区切って、下側をねらって蹴ろう。

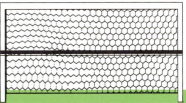

ボールの上側を蹴って下に振り抜く！

● 先に落下地点に入る

走りながら蹴るとタイミングを合わせにくいしコントロールもむずかしい。先に落下地点に入り、止まった状態で足を振り抜こう。

練習者はボールの落下地点まで走り、ゴールの下側をねらってシュートする。

相手を抜いてシュートを決める！

目的 相手を抜いてゴールを決めるためには、相手のスキをつき、シュートできる位置にボールを動かすことが重要だ。守備役、攻撃役を決めて、練習していこう。

VSコーン➡シュート

目安 10回

コーンを相手DFに見立てて、ドリブルでかわしてシュートする練習。2〜3つのコーンを置き、中央と左右の3か所からやってみよう。

コーンを抜いてシュートしよう！

コーンはペナルティエリアとゴールエリアの中間くらいの距離に置こう。

コーンをDFと考えてかわそう。ただボールを運ぶだけでなく、フェイントなども使うといいぞ。

●ラストタッチからシュートをすばやく

GKから見てコーンでボールが見えにくい状態から、スッとボールが出てきてすぐ蹴れば、反応しづらいシュートを打てる。大きく蹴り出してからのシュートだと、GKは準備してタイミングをとりやすいので注意。

128

1対1からのシュート

目安 5回

パート4 シュートのスキルアップ練習！

抜いてシュートを打つ練習。最初、相手は立っているだけにして、なれてきたら本気で止めにくるように、少しずつステップアップしよう。

2 DFを抜いてシュートコースができたら打つ！

1 DFを抜くために左右にボールを運ぶ

● 抜き切らなくてもシュート！

試合では、シュートが打てずにうばわれることが一番ダメだ。DFを完全に抜き切らなくても、コースが空いたスキをねらって積極的にシュートしよう。

うまくなるコツ！

股抜きシュートも活用しよう

股下にボールを通す「股抜き」は、相手を抜くときに使えて、そのままシュートにもできる技術だ。シュートを打とうとすると、DFはそれをふせぐために足を出してくるので、その下をねらってシュートを打とう。

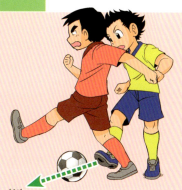

DFがシュートを止めにきたところをねらう。

クロスに合わせてヘディング!

 浮き球のクロスボールに合わせてシュートするときは、ボレー（→P126）だけでなくヘディングも有効。正しい打ち方で、正確にたたきつける練習をしよう。

クロスに合わせるヘディング

● スタンディングヘッド

身長くらいの高さのボールは、立ったままでヘディングシュートを打つ。ボールをしっかり見て、アゴを引いてかまえる。そして、上半身をしっかり振ってシュートしよう。

最初から最後まで、顔をボールの方向に向けよう。

● ジャンピングヘッド

身長よりも高いボールはジャンピングヘッドで打とう。ゴールに近い足で踏み切り、空中でボールをとらえて、しっかり地面にたたきつけよう。

ジャンプしたもっとも高いところでボールをとらえよう。

回りこんでヘディングシュート

目安 5回

パート4 シュートのスキルアップ練習！

コーンをDFに見立てて回りこみ、ボールを投げてもらって、走りこんでヘディングシュートを打つ練習だ。走る勢いをボールにこめれば、強くヘディングできるぞ。

出し手

2 投げてもらったボールに合わせて走りこんでヘディングシュート。

高め、低めを投げ分けよう

練習者

1 コーンの外を回ってゴール前に走る。

上半身の使い方が強いヘディングのポイント

首を振るのではなく、上半身全体を使うことが強いヘディングには大切。左手をシュートを打つ方向に伸ばし、右肩をグイッと前に持ってくるようにすれば、力の入ったヘディングになるぞ。

両腕の間から頭を押し出すイメージ。

カラダづくりに必要な食事・栄養

カラダと能力をグングン伸ばす！運動と食事 4

バランスよく食べよう！

強いカラダをつくるには「これだけを食べれば強くなる」という食べ物は残念ながらないんだ。食べ物にふくまれる5大栄養素という栄養をバランスよくとることが、強いカラダをつくる源になるぞ。

まずはエネルギーになる①糖質（炭水化物）と②脂質。ごはん、パン、めん類をしっかり食べよう。次に、カラダをつくる③タンパク質。これは、肉、魚、卵、大豆製品などにふくまれているぞ。そして、カラダの調子を整える④ビタミンと⑤ミネラルは、野菜や果物からとれる。また、5大栄養素とは別に、骨を強くするために、牛乳などの乳製品から、カルシウムをとろう。

132

パート5 守備編

守備のスキルアップ練習！

パート5のポイント

正しい姿勢で、正しい守り方をすればかんたんにゴールをうばわれることはない。個人では1対1で相手に負けないように、チームでは協力してボールをうばったり、相手の攻撃を遅らせたりする守り方をしよう。

技術 ボールをうばう2つの基本　▶152ページへ

● 相手の持つボールをうばう

相手の足からボールがはなれた瞬間をねらって、ボールをうばう。

● インターセプトでうばう

相手の前に入り、相手に向かってきたパスを途中でうばう。

パート5

練習 サイドへ追いこむ2対2 ▶160ページへ

パート 5 守備のスキルアップ練習！

ブルーペガサスFC 準決勝敗退

颯ちゃん ごめん…
約束 守れなかったよ…

美空…
……かたきは絶対にとるからな！

技術 チャレンジ&カバーの基本　▶158ページへ

守るときの基本を見直す！

パート5 守備編

目的 相手に思うような攻撃をさせないためには、守備の基本を守ることが大切。正しい姿勢、動き方を見直して、相手の得点を防ぐ技術を身につけよう。

基本姿勢をおぼえる

相手の動きにいつでもすばやく対応できる体勢をとり、相手の動き、ボールをしっかり見きわめよう。

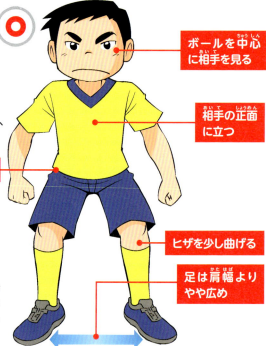

- ボールを中心に相手を見る
- 相手の正面に立つ
- 腰を軽く落とす
- ヒザを少し曲げる
- 足は肩幅よりやや広め

✗ ヒザが伸びて腰が高くなると、相手の動きに対応できない。

● ボールとゴールの中心を結んだ線上に立つ

ゴールをつねに意識して守ることが大切。ボールとゴールを線で結び、その線上にポジションをとるようにしよう。

相手のコースを消そう。

150

パート5 守備のスキルアップ練習！

うまくなるコツ！

おんぶで自然な姿勢を身につける

ヒザを自然に曲げた姿勢をおぼえるためには、仲間をおんぶしてみるのがいいぞ。まっすぐ立つと重さにたえられないが、軽くヒザを曲げてみると安定するはずだ。この姿勢こそが守備の基本姿勢となるのだ。

棒立ちだとバランスが悪いが…

グッ！

軽くヒザを曲げると安定した姿勢になる。

練習メニュー ダッシュ➡基本姿勢ストップ

コーンなどの目標物に向かってダッシュで近づき、基本姿勢でピタッと止まる練習。試合では、すばやく動くこと同じくらい、ピタッと止まることが大切なのだ。

1 相手に向かってダッシュで近づく。

2 次第にステップを細かくしていく。

基本姿勢を意識する

3 ピタッと相手の前で止まる。

ピタッ！

目安 10回

猫背で止まると、足が前に出しづらくなって相手の動きに対応できない。

151

パート5 守備編 2

相手のボールをうばう！

目的 守備ではまず、相手のボールをうばうことを目指そう。相手の持つボールをうばうため、またパスをインターセプトするための技術を練習して身につけよう。

ボールをうばう2つの基本

●相手の持つボールをうばう

相手の足からボールがはなれた瞬間をねらってすばやく体を寄せ、相手とボールの間に体を入れるようにして、ボールをうばおう。相手は足からボールを必ずはなすので、そのスキをねらおう。

ボールと相手の間に体を入れよう。

●インターセプトでうばう

相手へのパスを途中でうばうのがインターセプト。相手の見えないところからスッと相手の前に入ってボールをうばおう。相手にボールがわたる前にうばうことができるので、守備の最優先として考えておこう。

相手へのパスに対して後ろから走り、相手に当たらないように横切る。

152

パート5 守備のスキルアップ練習！

練習メニュー 体を入れてうばう！

目安 5回

相手がボールをはなしたタイミングで体を入れてボールをうばう練習。攻撃側は5メートルくらいの幅の中でボールを左右に動かし、守備側はそれについてく。攻撃側がボールを前に運んだら守備側は体を入れよう。

ボールがはなれたら体を入れる！

相手についていく！

守備側は体を入れられなくてもボールを止めよう。

練習メニュー 手投げパスゲーム

目安 5分×2セット

インターセプトの感覚をやしなうために、手で投げたパスをカットする練習をしよう。

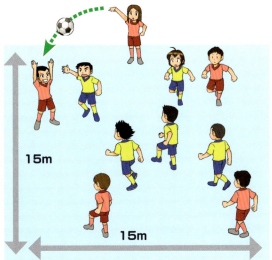

基本ルール
- 15メートル四方ほどのエリアの中で5人ずつくらいの2チームに分かれる。
- 攻撃側のチームは手で投げてパスを回す。
- 守備側のチームは手でインターセプトできたら1点。
- 攻撃側のチームは10本パスを回せたら1点にする。
- ボールを持っている人からうばうのは禁止。

相手の動きをよく見て、パスが出る先を予測しよう。

パート 5
守備編
3

相手に前を向かせない!

目的　相手にパスが通ってしまっても、ゴール方向に振り向かせなければすぐにピンチにはならない。相手の背中側から動きを見て、前を向かせないための守備をおぼえよう。

相手を振り向かせない

相手がゴールを背にした状態でパスを受けたら、相手の背中側につく。ゴール方向に振り向かせない守備をしよう。

ボールから目をはなさない!

ボール1つぶんぐらい距離をとる!

スキを見てボールをつつこう!

● 相手と近すぎると……

ＤＦからはボールが見えにくく、かんたんにターンして抜かれてしまう。

● 相手と遠すぎると……

プレッシャーがかかっていない状態なので、かんたんに前を向かれてしまう。

相手を背負った1対1

パート5 守備のスキルアップ練習！

ボールをさわるまで攻守が決まらないルールにすることで、試合に近い練習ができる1対1だ。攻撃側はボールをさわったらゴール側へ向くことをねらい、守備側はそれを止めよう。

目安 5回

1 出し手からのボールに向けてダッシュ！

2 ボールに先にさわったほうが攻撃、もう一人が守備側になる。

基本ルール
- 攻撃側はシュートをゴールに入れたら勝ち。
- 守備側は10秒以上、相手に前を向かせない、またはボールをうばって出し手にパスをもどしたら勝ち。

うまくなるコツ！

ボールを持つ足に注目する

たとえば、攻撃側が右足でボールを持っている場合は、左足側からターンして前を向こうとしてきやすい。ボールを持っていない足のほうが、ターンの軸足にしやすいためだ。これを頭に入れて守ると、動きを読みやすくなるぞ。

右足でボールを持っている場合は、左足のほうからターンしてきやすい。

155

パート 5
守備編
4

1対1で守り切る！

目的 相手は前を向いてボールを持つと、ドリブル突破をしかけてくる可能性が高い。相手との正しい間合いのとり方やステップワークを身につけて、1対1を守り抜こう。

2ゴールを守れ！

コーンのゴールを2つつくり、ドリブル突破に限定したルールで1対1をおこなう練習だ。制限時間を10秒にして、攻撃側はどちらかのコーンを通過できたら勝ち。守備側は突破をふせいだら勝ち。

ゴールA

時間が短いので、積極的にしかけよう！

相手に抜かれないようについていく！

ゴールB

目安 5回

基本ルール
- 制限時間は10秒。
- 攻撃側はゴールAかゴールBを通過できたら勝ち。
- 守備側は突破をふせいだら勝ち。

足からボールがはなれた瞬間をつねにねらう

ドリブル突破をしかけてくる相手は、足からボールがはなれる瞬間が必ずある。DFはつねにその瞬間をねらい、体を入れてボールうばう、あるいはボールをつついて突破をふせごう。

はなれた

足を伸ばしてツマ先でつつける距離をとろう。

156

パート5 守備のスキルアップ練習！

練習メニュー 長座から対決！

目安 **10回**

足を伸ばして、それぞれ反対方向を向いて座り、合図で1対1の勝負をしよう。相手との距離が最初から近いので激しいボールのうばい合いになり、球ぎわの強さをみがくことができるぞ。

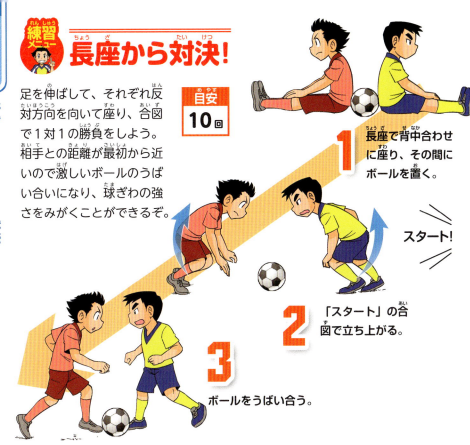

1 長座で背中合わせに座り、その間にボールを置く。

スタート！

2 「スタート」の合図で立ち上がる。

3 ボールをうばい合う。

練習メニュー ボールを使わず1対1勝負！

目安 **5回**

ボールを持たずに、攻撃側はフェイントをかけて抜きにかかり、守備側は抜かれないようについていく練習。ボールがないぶん、体の動かし方だけに意識を集中させた練習ができるぞ。

攻撃　守備

自分より後ろへ行かせない！

相手の体の動きをよく見てついていこう。

チャレンジ&カバーをマスター!

パート5 守備編

 目的 相手の攻撃をふせぐためには、味方との連携が必要だ。チームディフェンスの基本となるチャレンジ&カバーの動きを練習して、仲間と協力して相手の攻撃をふせごう。

チャレンジ&カバーの基本をおぼえる

チャレンジ
- ボールとゴールを結んだ線上に立つ。
- ボールをサイド(外側)方向に追い込む。
- 積極的にボールをうばいにいく。

カバー
- 味方DFのやや内側で守る。
- 味方DFに指示を出す。
- 相手が突破してきたらボールをうばいにいく。

ボールを持っている相手に対応する「チャレンジ」と、その後ろで味方を助ける「カバー」。2人で協力して相手のボールをうばおう。カバーの選手はチャレンジの選手に対して、どちらのコースをふせげばいいのかなど指示を出そう。相手の攻撃をゆうどうし、カバーの選手がうばいにいくイメージだ。

158

パート5 守備のスキルアップ練習！

練習メニュー　チャレンジ＆カバーの2対2

目安 5分×2セット

2対2でチャレンジ＆カバーをおこなう練習。攻守の切り替えの中でどちらがチャレンジ、どちらがカバーに入るかといった連携も身につけられるぞ。

練習者1 — ボールに対してつめていく

練習者2 — 仲間と相手の両方よく見る！

基本ルール
- 攻撃側はパス禁止、ドリブルだけで相手2人を抜きにいく。ボールを持っていない攻撃側は、こぼれ球をねらい、ボールを取ったらドリブルを開始する。
- 守備側(練習者)はチャレンジ＆カバーの守り方(→右ページ)を意識しながら、相手のドリブルを止めにいく。
- 守備側がボールをうばったら、攻守の役割を入れ替えて続ける。

うまくなるコツ！　2人がヨコ並びにならないようにする

相手がドリブル突破するときには、2人の間をねらってくるもの。守備側がタテでなくヨコ並びになってしまうと、相手にドリブル突破のチャンスを与えてしまうで、つねに前後の立ち位置で守ろう。

一気に2人が抜かれてしまうと、ピンチになってしまう。

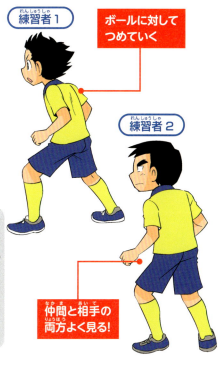

159

相手をうまく追いこむ！

パート⑤ 守備編 6

目的 ボールをうばえなくても、相手をゴールから遠ざければ失点する可能性は低くなる。味方と連携して相手の攻撃方向を制限しながら、サイドや後ろへ追いこんでいこう。

練習メニュー サイドへ追いこむ2対2

- タッチライン
- ミニゴール
- 相手をタッチラインへ追いこむ
- 目安 10回
- 相手のパス、突破に対応する！

基本ルール
- 攻撃側はゴールをねらい、守備側はうばったらミニゴールにパスをする。
- 攻撃側が、10秒以内にシュートを打てなければ、守備側の勝ち。攻守を交替して続ける。

片方は通常のゴール、片方はミニゴールを設置した2対2だ。チャレンジ＆カバーを頭に置いて、相手をゴールから遠いところへ追いこんでいこう。

パート5 守備のスキルアップ練習！

練習メニュー 前から追いこむ2対3

目安 10回

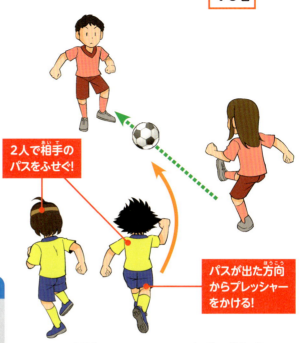

2人で相手のパスをふせぐ!

パスが出た方向からプレッシャーをかける!

基本ルール
- 攻撃側3人はパスやドリブルをしながら攻める。サイドの選手がタテに突破したら勝ち。
- 守備側の2人は相手のパスコースを消しながらプレッシャーをかける。ボールをうばったら勝ち。

2人のFW（フォワード）がチームとしての守備の第一歩として、相手DF（ディフェンダー）に対してプレッシャーをかける練習。ここで相手を追いこめると、MF（ミッドフィルダー）やDF（ディフェンダー）がボールをうばいやすくなるぞ。

●2人目の立ち位置も大切

2人目にプレッシャーをかける選手が最初から相手の右サイドの選手の近くまでいってしまうと、後ろにパスを通されてしまう。

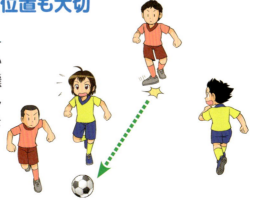

161

おすすめ日ごろメシ

運動と食事 5
カラダと能力をグングン伸ばす!

5大栄養素をバランスよく!
さばのみそ煮定食

- ビタミン — オレンジ
- カルシウム・ミネラル — 小松菜のおひたし
- タンパク質・ビタミン — 肉じゃが
- タンパク質・脂質・カルシウム — さばのみそ煮
- 糖質(炭水化物) — ごはん
- タンパク質・マグネシウム — 豆腐とわかめのみそ汁

魚で体を丈夫にしよう

ここでは、5大栄養素をバランスよくとれるメニューを紹介するよ。

メインのおかずは、さばのみそ煮。魚にはカラダをつくるタンパク質や脂質に加え、骨を強くするカルシウムもたくさんふくまれている。肉じゃがや小松菜のおひたし、豆腐とわかめのみそ汁などの野菜をふくむ料理からは、タンパク質やカルシウムなどのほかに、ビタミンやミネラルなど、カラダの調子をととのえる栄養素もとれるんだ。デザートにオレンジなどのフルーツを加えるといいぞ。ごはんもしっかりと食べて、エネルギーとなる糖質をとることも忘れずに!

162

パート6 役割編

ポジション別にレベルアップ！

パート6のポイント

各ポジションで求められる技術はことなる。オフ・ザ・ボールの質を高めたり、空中での競り合いに強くなったり、ポジションに特化した練習で専門的な能力をレベルアップして、チームの勝利に貢献しよう。

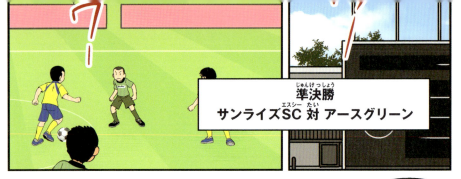

練習 動き出しパターン練習 ▶181ページへ

● プル・アウェイの動き　● ウエーブの動き

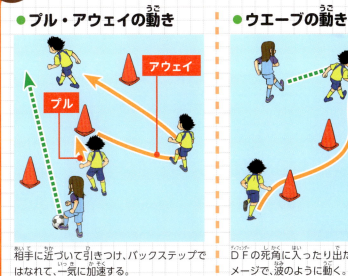

相手に近づいて引きつけ、バックステップではなれて、一気に加速する。

ＤＦの死角に入ったり出たりするようなイメージで、波のように動く。

FWの技術をレベルアップ！

パート6 役割編 1

目的 FWとしてレベルアップするには、「オフ・ザ・ボール」（ボールがないところでの動き出し）が大切だ。いい状態でボールを受ける技術を身につけよう。

マーク外し！

目安 10回

DFのマークを外して、フリーでパスを受ける練習。FWは出し手からのパスを受けて、出し手にすぐ返すという、動きをくり返す。

出し手

切り返したタイミングでパス！

すばやく切り返す！

DF

1 DFを引きつけながらゆっくり動く。

一気にスピードアップ！

2 すばやく切り返してパスを受ける。

180

動き出しパターン練習

● ウェーブの動き

波のように弧を描く動きでボールを受けるスペースをつくり、DFラインの裏に抜け出すのが「ウェーブ」の動きだ。

● プル・アウェイの動き

相手に近づく（プル）ことで相手を引きつけ、すばやくはなれてゴール方向へ向かう（アウェイ）ことでパスを受けるのが「プル・アウェイ」の動きだ。

パート 6 役割編 2

WGの技術をレベルアップ！

目的 WGはクロスボールを上げたり、切りこんでシュートを打ったりと攻撃のカギとなるポジション。力強い攻めの中心となれるよう練習を重ねよう。

中にもタテにもいける ボールの持ち方をする

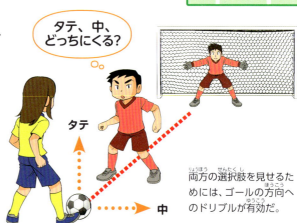

WGはサイドでボールを持つことが多い。そのとき、中にもタテにも行けるようにするためには、ゴールの方向へ向くことが大切だ。完全にタテ方向や中方向に向いてしまうと、どちらかの選択肢がけずられてしまうからだ。

タテ、中、どっちにくる？

タテ
中

両方の選択肢を見せるためには、ゴールの方向へのドリブルが有効だ。

相手を動かすドリブルで逆をとる

ドリブルのポイントは、ボールを左右、前に積極的に動かして、相手を動かすこと。相手が動けばその逆をついて突破する。相手を動かし、緩急をつけて抜くことで、WGとして必要な突破力を身につけよう。

ゆっくり…
速く！

相手をゆっくり動かして、逆方向に一気に加速する。

182

パート 6 ポジション別にレベルアップ！

練習メニュー タテ&中の2対1

数的優位を生かして、味方をおとりに使う突破の練習だ。後ろから走ってくる（オーバーラップ）味方の動きを見た相手がつられたら、その動きの逆方向にドリブル突破をしかけよう。つられなかったら、そのまま味方にパスを出してもいい。

目安 10回

2 おとりが中へ抜けたらタテに加速してクロスボールを上げる。

おとり / 練習者

1 相手に対してドリブルで向かっていく。

2 おとりがタテに抜けたら中へ切りこみシュート。

練習メニュー 腰をひねってクロスボール！

タテに抜け出してから中央へクロスボールを上げるのは、腰をひねって強いボールを蹴る少しむずかしい動作。置いたボールで練習し、ドリブルからもやってみよう。

目安 20回

右肩の回転を意識して上半身をひねる！

2 体を回転させながら足を振り抜く。

1 ボールに向かって走り、軸足を中へ向けながら踏みこむ。

183

MFの技術をレベルアップ！

パート6 役割編 3

目的 ピッチ中央にポジションをとり、攻守両面で重要な役割をになうMF。ピッチ全体を見わたしてボールを動かし、味方のサポートもできるようになろう。

ワントラップロングパス

MFは逆サイドへのロングパスで局面を打開することが多い。味方からのパスを受けて、すばやく逆サイドにいる味方へ正確なロングパスを蹴る練習をしよう。

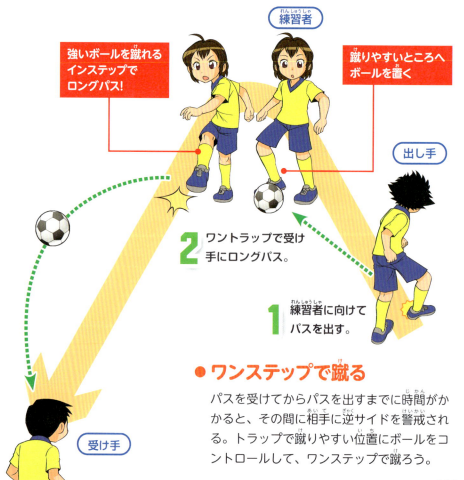

練習者

強いボールを蹴れるインステップでロングパス！

蹴りやすいところへボールを置く

出し手

2 ワントラップで受け手にロングパス。

1 練習者に向けてパスを出す。

受け手

● ワンステップで蹴る

パスを受けてからパスを出すまでに時間がかかると、その間に相手に逆サイドを警戒される。トラップで蹴りやすい位置にボールをコントロールして、ワンステップで蹴ろう。

184

囲まれた中でパス回し

MF役が相手にマークされている状況でパスを回す練習。囲まれても冷静に状況を見る力がやしなわれるぞ。

目安
5分×
2セット

1 外の4人でパスを回していく。

> ボールを受ける前に首を振ってまわりを確認!

2 練習者がタイミングを見はからってパスを受ける。

基本ルール
- 外に4人、DFを3人、MF役1人を中央に置く。
- 中央のMF役の選手がパスを受け、ほかの選手にパスが通ったら1点。
- DFはボールをつねにうばいにいく。
- MF役の選手は、パスをしてきた相手にそのまま返すのは禁止。

●1タッチまたはダイレクトで回す

MF役の選手の周りには3人のDFがいるので、時間をかけると囲まれてしまう。パスを受けたら、1タッチまたはダイレクトでほかの選手へパスしよう。

3 ほかの3人のどこかにパスを出す。

CBの技術をレベルアップ!

目的 守備の柱としてゴールを守るCB。相手の動きについていくステップワーク、空中戦で競り勝つ技術を身につけて、レベルアップしよう！

8方向ステップワーク！

守備の基本となるステップ練習。前後左右とななめの8方向に置いたマーカーへ、行ってもどる練習をしよう。

❶サイドステップ

目安 各方向 3回

進むほうの足を出し、同じぶんだけ反対側の足を引きもどす。

❹ダッシュ　❸バックステップ　❷バッククロスステップ

前に勢いよく走る。　前を向いたまま後ろへ走る。　進むほうの足を出し、反対側の足をクロスさせる。

186

練習メニュー ヘディングで競い合う!

目安 10回

助走をつけて片足で踏み切ってジャンプし、相手FWと競り合う練習。相手の横から割りこむようなイメージでやろう。

2 相手の前に割りこむイメージでヘディングする。

1 相手のななめ後ろから割りこむように走り、片足で踏み切る。

練習メニュー ジャンプして体をぶつけあう

目安 各5回×3セット

空中での競り合いでの感覚をつかむために、ボールなしで肩や胸、背中をぶつけ合う練習もしてみよう。

●肩

●胸

●背中

SBの技術をレベルアップ！

パート6 役割編 5

目的 SBは守備だけでなく、攻撃の起点にもなれる。役割を理解した上で、攻守で貢献できる選手を目指そう。

サイドバックの役割

❶相手の攻めをふせぐ

サイドから攻めてくる相手の攻撃をふせぐ。

❷攻めの起点

前を向いてボールを受けて攻めの起点となる。

❸攻め上がる

攻め上がってサイド攻めをサポートする。

練習メニュー　バックステップトラップ

目安 10回

SBとしてのボールの受け方を身につける練習。攻撃の起点になるためには、バックステップで少しふくらむように動き、自分の前にスペースをつくりつつ、相手を見ながらパスを受けることが大切。

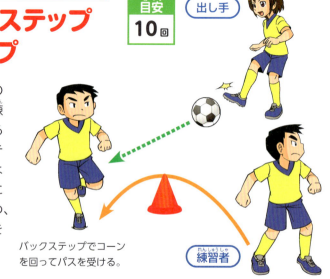

バックステップでコーンを回ってパスを受ける。

出し手 / 練習者

パート6 ポジション別にレベルアップ！

サイドで守りきる！

目安 10回

サイドで中に切りこまれたり、タテに突破されてクロスボールを上げられるのをふせぐための練習だ。体の使い方、クリアのしかたなどを身につけよう。

基本ルール
- サイドに5メートルほどのエリアをつくり、四隅にコーンを設置する。
- 守備側はボールをうばう、または外に蹴り出したら勝ち。
- 攻撃側は中にドリブルで突破すれば1点、ゴールライン上にボールを運んで止めれば2点。

守備側は相手に対して少しななめになるように、ボールとゴールを結んだ線上に立つ。

● 体を入れてゴールキックにする

サイドではスペースがなく、ボールをうばったあとに前を向くことはむずかしい。相手とボールの間に体を入れることができたら、そのままゴールラインを割らせよう。

● 安全に外へ蹴り出す

体を入れてゴールキックにできればベストだが、ボールがゴールラインまでころがりきらないときは、安全に外に蹴り出して相手のスローインにしよう。

GKの技術をレベルアップ！①

 目的 ミスなくキャッチングができることが、よいGKの条件の1つ。基本技術をしっかりとおぼえつつ、動きながらでもしっかりとキャッチできるよう練習しよう。

立ち＆座りキャッチング

● 立って捕る

後ろから

両手の人差し指と親指で三角形をつくって、キャッチするようにしよう。

2 ボールの勢いを吸収しながら両手でキャッチ。

1 腕を前に出し、両手を広げる。

目安 10回

● しゃがんで捕る

目安 10回

3 ボールをしっかりと抱えこんでキャッチ。

脇をしめる！

2 手→腕→胸とボールがころがるようにむかえる。

1 両腕を前に出して地面に近づける。

パート6 ポジション別にレベルアップ！

練習メニュー サイドステップキャッチ

ボールを蹴ってもらい、サイドステップしてキャッチする練習。最初は手で投げてもらってもいい。ボールのくるところへ足を動かしてキャッチできるようになろう。

目安 左右各5回

腕だけでとりにいくと、後ろにそらしたときに失点してしまう。

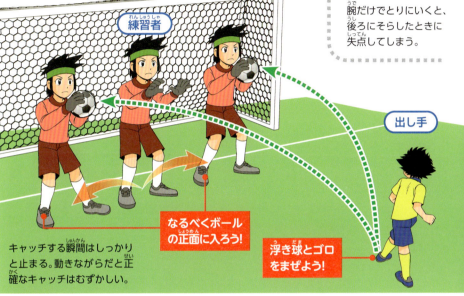

なるべくボールの正面に入ろう！

浮き球とゴロをまぜよう！

キャッチする瞬間はしっかりと止まる。動きながらだと正確なキャッチはむずかしい。

練習メニュー 長座ふり向きキャッチ

目安 10回

不安定な体勢から、体勢を整えてキャッチする練習。どんな体勢からでも、相手のシュートに対してかまえられるようになろう。

「スタート」の合図で振り向き、飛んでくるボールにすばやく反応して止める。

スタート！

パート6 役割編 7

GKの技術をレベルアップ！②

目的 キャッチングの基本をおぼえたら、ギリギリのところへ飛んでくるシュートをふせぐ（セービング）技をおぼえよう。ケガをしないように少しずつステップアップだ。

練習メニュー ステップアップセービング

目安 各5回

いきなりボールに飛びこむのは誰でもこわい。地面に倒れる感覚を、一段ずつステップアップ式で身につけていこう。

ステップ1 長座から

足を伸ばして座り、置いてあるボールをキャッチする。上半身からボールに向かっていくイメージだ。

ステップ2 ヒザ立ちから

ヒザで立ち、1歩踏み出して置いてあるボールをキャッチする。なれてきたらころがしてもらったボールをキャッチしよう。

ステップ3 立ち状態から

いきなりボールに飛びこむのではなく、姿勢を落とし、腕を伸ばしてキャッチするイメージで。

パート6 ポジション別にレベルアップ！

練習メニュー 2連続セービング！ 目安 10回

2本連続でシュートをセービングする練習。試合の中では、ボールをキャッチできなければプレーは続いていくので、すぐに立ち上がって次のシュートに備える必要がある。

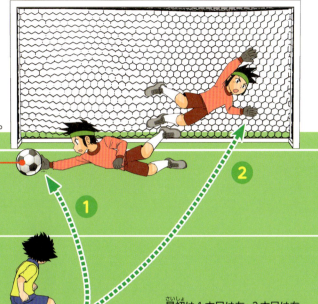

1本目をはじき出してもOK！

最初は1本目は左、2本目は右といったようにコースを決めておこなう。2本ともランダムに打つと上級者向けの練習になる。

● 地面をはうように腕を伸ばす

ボールに対して一直線に向かうのではなく、地面をはうように伸ばしていけば、ボールがイレギュラーバウンドをしても対応できる。

地面をはうように伸ばせばうまくボールに届きやすい。

上から伸ばすとイレギュラーバウンドに対応しにくい。

カラダと能力をグングン伸ばす！運動と食事 6
おすすめ勝負メシ

試合前にパワーみなぎる！
エネルギー満点！豚肉料理

豚のしょうがやき
ごはん → 糖質
豚のしゃぶしゃぶサラダ → ビタミンB1
→ エネルギー

豚肉パワーで勝とう！

スタミナがつく「勝負メシ」として、豚のしょうがやきがおすすめだ。

豚肉にふくまれるビタミンB1は、ごはんの糖質（炭水化物）を効率よくエネルギーに変えてくれるんだ。試合前日か、できればその日の朝、試合の3〜4時間前までに食べるといいぞ。油が多いと消化に悪いから、できるだけ脂身の少ないお肉を使うといい。もし朝からしょうがやきを食べるのが大変なら、豚肉をしゃぶしゃぶのサラダ風にしたら食べやすくなるぞ。豚肉にふくまれるビタミンB1は、疲れを回復してくれる効果もあるので、試合後に食べても疲れがのこりにくくなるぞ。

パート7 試合編

チームの連携・戦術を身につける練習！

パート7のポイント

仲間同士で同じ考えを持ってプレーすることで、チームとしてレベルアップできる。少ない人数で攻撃のパターンをおぼえることからスタートし、それをゲーム練習に発展させ、試合に勝てる連携・戦術をつくろう。

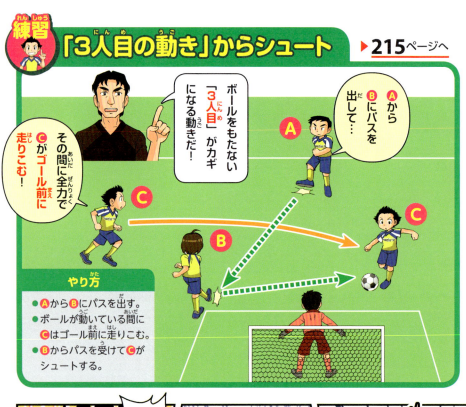

練習 オールダイレクトパス ▶216ページへ

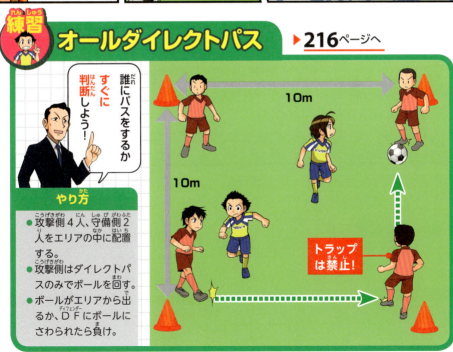

やり方
- 攻撃側4人、守備側2人をエリアの中に配置する。
- 攻撃側はダイレクトパスのみでボールを回す。
- ボールがエリアから出るか、ＤＦにボールにさわられたら負け。

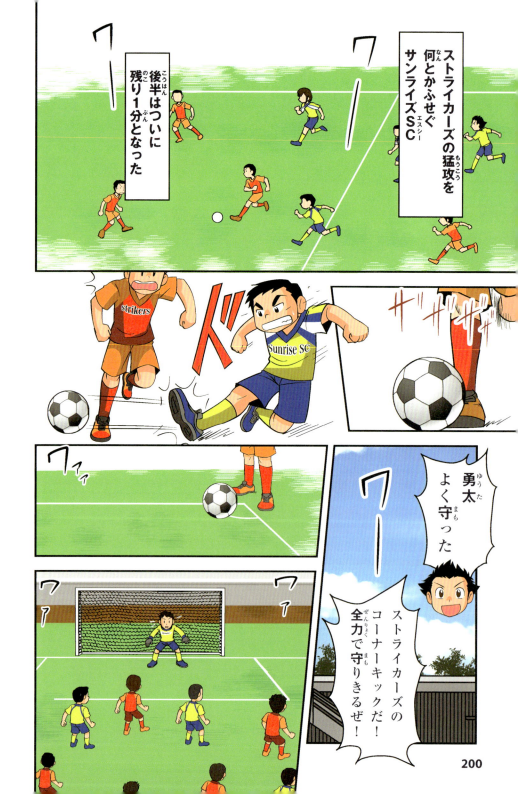

パート7 試合編 1

味方との連携を高める!

目的 連携プレーがうまくなるコツは、仲間同士で同じイメージをもつこと。「ここにパスを出す、ここに動く」というパターンをチームで共有しておくことが大切だ。

同じ成功イメージを共有する

相手の状況を見て、どのパターンで動けば攻撃や守りがうまくいくプレーができるかというイメージを共有しよう。手や目線（アイコンタクト）でお互いに合図しあうことで、息の合ったプレーをすることができるぞ。

相手のうらが空いてるぞ！

手や目線で合図する！

マークを外したらパスだ！

● 連携プレーの基本は2人から

大人数の連携プレーも、一部分を切り取れば2人や3人の連携で、それが集まって大人数の連携となる。まずは2人からはじめて、しだいに人数を増やしていこう。

ダイヤモンドパス

パスを出したら動く、ボールがころがっている間に動くという基本がつまったパス回しの練習だ。「ここに動いて、ここにパスを出す」というパスのパターンをつくろう。

目安 **5分**

パスのパターン例
1. A→Bへパス。CはBに近づく
2. B→Cへパス。
3. C→Dへパス。BはDに近づく。
4. D→Bへパス。
これをくり返す。

パート7 チームの連携・戦術を身につける!!

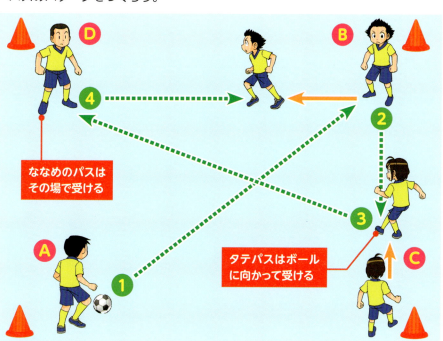

ななめのパスはその場で受ける

タテパスはボールに向かって受ける

うまくなるコツ！

2手、3手先を考えて走る

パスを出したら動き出す、というのが連携の基本。ただし、ばくぜんと走るのではなく、パスを出した相手が次にどこへ出すかという二手先、さらにその先はボールがどこへ動くかの三手先まで考えながら走ろう。

どんなパスがほしいかを練習のときから味方に伝えておこう。

サポートの動きをおぼえる!

目的 ピッチ内のどこでも、ボールを持つ選手からのパスコースをつくるサポートの動きは重要だ。味方と相手の位置をよく見て、サポートの動きができるようになろう。

2対1のボールキープゲーム

目安 5分

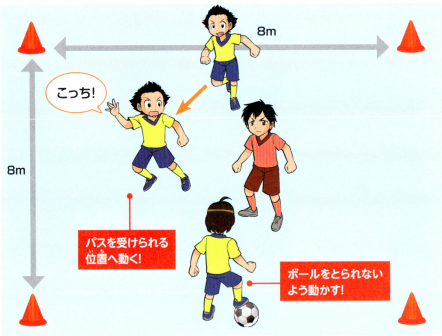

こっち!

パスを受けられる位置へ動く!

ボールをとられないよう動かす!

タテ・ヨコ8メートルくらいの四角をつくり、その中で2対1でボールをキープ。パスを出したら、味方のパスコースをつくるように動こう。

パスできない……

DFからかくれている位置で待っていてもパスを受けることができない。

3対2のボールキープゲーム

パート 7 チームの連携・戦術を身につける!!

目安 5分

3対2で行うボールキープゲーム。四角はタテ・ヨコ10メートルくらい。三角形をつくることを意識しながらやってみよう。空いているほうの味方にすばやくパスを出し、またすぐに動き直してパスコースをつくり出そう。

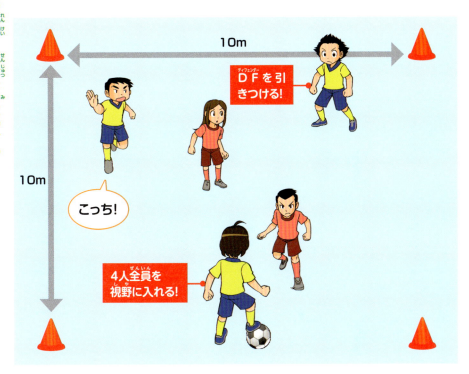

● 広い三角形 ○ — 味方との距離をしっかりとってパスコースを確保。

● せまい三角形 ✗ — パスを出してもすぐ相手に寄せられてしまう。

連携してシュートにもっていく！

目的 ゴール前は相手DFも多いので一人でシュートまでもっていくことはむずかしい。味方と連携して相手DFをかわして得点できるように、連携をみがいていこう！

 ## スイッチ⇒シュート！

目安 10分

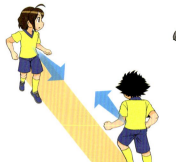

1 ゴール前で2人が向き合い、片方がボールを持つ。

⭕ 足の裏で後ろにころがすようにパスをすれば、味方とぶつかりにくい。

2 すれちがうときに、ボールをわたす。

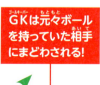

GKは元々ボールを持っていた相手にまどわされる！

3 GKが動いていあいたスペースにシュートを打つ。

すれちがいざまにボールを持つ選手が入れ替わる「スイッチ」から、シュートにつなげる練習だ。

「3人目の動き」からシュート

目安 10分

パート7 チームの連携・戦術を身につける!!

「3人目の動き」とは、ⒶからⒷにパスが出ているときに、3人目のⒸが動き出してパスを受ける動きこと。この動きをゴール前でできれば、相手のマークをかわしてシュートにもっていけるぞ。

1 ⒶからⒷにタテパスを出す。

2 ボールがころがっている間にⒸはゴール前へ走る。

走りながらボールの動きとゴール前のスペースを確認!

3 ⒷはⒸが走りこむスペースへパスする。

4 ⒸがⒷからのパスを受けてシュート!

全力でかけ抜けよう!

うまくなるコツ!

DFの視野でとらえられにくい動きを目指す

DFは通常、ボールを持つⒶと自分のマークする相手Ⓑを同じ視野の中に入れてプレーする。そのため、視野の外から「3人目の動き」で走りこんでくるⒸの動きはとてもとらえづらくなるのだ。

今のうちに…!

DFはⒷの動きに気をとられ、Ⓒの動きが見えにくい。

パート 7 試合編 4 すばやい判断で動く!

目的 ボールを受けてから次のプレーを考えていると、相手につめられてしまう。ボールを受ける前に状況を把握して、次のプレーにすばやく動けるための練習をしよう。

練習メニュー オールダイレクトパス

目安 10分

タテ・ヨコ10メートルの四角をつくり、その中でパス回しする練習。すべてダイレクトパスでおこなうことで、すばやい判断力をやしなえる練習になるぞ。

基本ルール
- ダイレクトパス以外は禁止。
- 10本通したら1点。
- DFの間にパスを通したら2点。
- DFはボールにさわればいい。

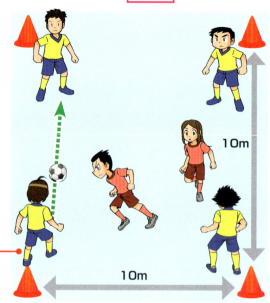

ダイレクトでもどす!

うまくなるコツ!

ボールをむかえに行って間をねらう

試合で相手DFの間にパスを通せば有利になるが、ボールを待って受けると相手は間をつめてくる。DFのすきまを見つけたらすばやくボールをむかえにいき、DFの形が整う前に間を通そう。

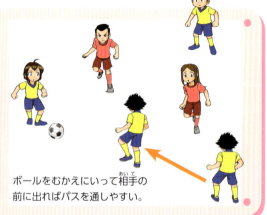

ボールをむかえにいって相手の前に出ればパスを通しやすい。

216

パート7 チームの連携・戦術を身につける!!

練習メニュー 敵が増える前にシュート!

目安 10分

ゴール前で数的有利なら、一気にシュートまで持っていくチャンス! DFが増える前に一気にシュートまでもっていく練習だ。時間をかけずにシュートまでもっていこう。

5秒後に参加する!

基本ルール
- ペナルティエリアの中で攻撃側がボールを持ってスタート。ゴールをねらう。
- 5秒たったら追加DFがエリアに入り守備側に加わる。
- 攻撃側は10秒以内にシュートを打つ。

ドリブルかパスですぐ動き出そう!

GKとDFで連携して止める!

● クロスの動き

数的優位を生かすためには、ボールを持っていないほうがどう動くかがポイント。味方に近づいてクロスの動きなどで相手をまどわしたりしてみよう。

スイッチ(→P214)の動きで相手をまどわすことも手だ。

パート7 試合編 5

攻守の切り替えを早くする!

目的 ボールをとられたらすぐ守り、うばったらすぐ攻めることはサッカーの戦術で非常に重要だ。攻→守、守→攻の切り替えスピードを早める練習をしよう。

練習メニュー

攻➡守の意識を高める1対1

目安 10分

攻撃側として1対1の勝負をしかけて、攻撃が終わったらすぐに切り替えて今度は守備側として1対1に対応する練習だ。攻撃が終わったらすぐに守備をしないとかんたんに相手に突破されてしまうぞ。

黄チーム

20m くらい

赤チーム

やり方

❶約20メートルのエリアをつくり、両側にゴールを置く。両方のゴールの横に選手が並ぶ。

❷1対1でボールをうばいあう。

❸①黄チームがシュートするか、②赤チームがボールをうばったら❹へ。

❹①なら赤チームの次の選手が前へ。②なら黄チームの選手が前へ出る。

パート7 チームの連携・戦術を身につける!!

練習メニュー 3色ビブスで3対3対3

目安 5分×2セット

3チームの攻守が次々と入れ替わる練習。ボールをうばったらすぐに攻撃に転じる、逆にボールをうばわれたらすぐに守備へ切り替える意識を高めよう。

基本ルール
- 2色の6人が攻撃、1色の3人が守備側となりボールを回す。
- 守備側がボールをうばったら、その色のチームは攻撃側に、うばわれた選手の色のチームは守備側になる。

ここでは黄と紫が攻撃、赤が守備となっている。

●うばったらすぐに三角形をつくる

三角形をつくるようにパスコースを2つつくって、黄のプレッシャーを回避しよう。

たとえば赤がボールをうばったら、黄はすぐにボールをうばい返そうと寄せてくる。それを回避して次の攻撃につなげるためには、赤のほかの2人は三角形をつくるようにパスコースをつくり（サポートして）、安全なエリアにボールを運ぼう。

三角形で攻める！

パート7 試合編 6

ゲーム練習で戦術をマスター！

 戦術をくり出しやすい状況を設定したうえで、ゲーム形式の練習をおこなうことが効果的だ。ここでは、FWへのタテパスと、カウンターアタックの練習をしよう。

 ### 混戦からFWにパス！

目安 10回

ゴール前の混戦から、FWにタテパスを入れるゲーム練習だ。ヨコパスで相手を動かし、FWにタテパスを通そう。ただし、試合ではオフサイドに注意だ。

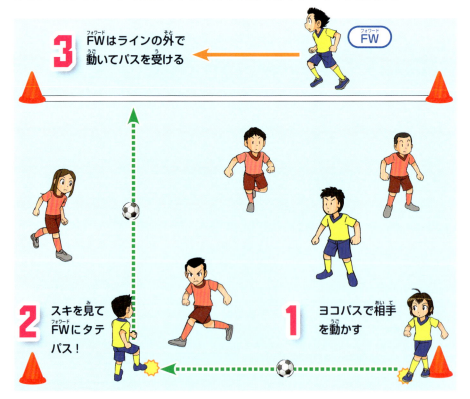

3 FWはラインの外で動いてパスを受ける

2 スキを見てFWにタテパス！

1 ヨコパスで相手を動かす

基本ルール
- 攻撃側4人対守備側4人。攻撃側はボールを受けるだけのFW役の選手を一人決める。
- 攻撃側は3人でボールを回し、スキを見てFWにタテパスを入れる。
- FWの選手は、コーンの内側に入ることはできない。
- FWの選手にタテパスが通れば攻撃側の勝ち。ボールをうばうかクリアすれば守備側の勝ち。

ロングカウンターアタック！

目安 10回

自陣から一気に相手ゴール前まで攻め上がる練習。長い距離を走る勢いのまま、手数をかけずに、シンプルにゴールをボールへ近づけることが大切！

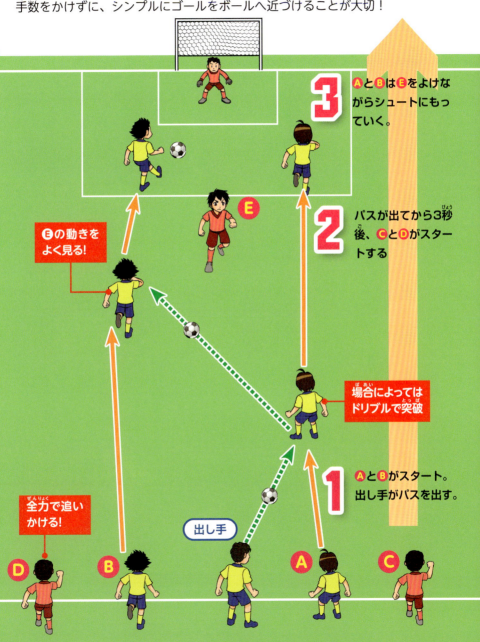

取材協力　(順不同)

浅井 武
筑波大学体育系教授

「サッカーの科学」における日本の第一人者で、キックの動作やボールの軌道などを研究している。筑波大学サッカー部の顧問も務める。

協力：鈴木健介（筑波大学博士課程大学院生）

小幡忠義
元東北サッカー協会会長

サッカーの指導歴は50年以上で、佐々木勇人選手や遠藤康選手ら多くのJリーガーを輩出。日本中から視察者が訪れる「塩釜FC」の創設者。

川村元雄
ボンフィン・フットボールダイレクター

徳島ヴォルティスやFC東京で選手の育成やサッカーの普及に携わる。日本サッカー協会の指導者養成インストラクターも務めた。

三木利章

プロサッカーコーチ

フリーのプロサッカーコーチとしておもに育成年代のチームを指導。「ドリブルのエキスパート」として知られる。

増成暁彦

鹿児島ユナイテッドFCアカデミーチーフトレーナー

おもにサッカーの傷害予防トレーニングについて指導・研究している。選手一人ひとりの心身に向き合い、身体づくり、身体の使い方もふくめて、きめ細かい指導を行っている。2018年より現職。

©KAGOSHIMA UNITED FC

川﨑泰代

走るフードコーディネーター／アビスパ福岡栄養アドバイザー

自身も42.195キロを走るアスリートであり、Ｊリーグ アビスパ福岡ではトップチームから育成選手に至るまでチームの栄養指導にあたる。

マンガ原作	岸 智志
マンガ・イラスト	工藤ケン
執筆協力	木村雄大
取材協力	浅井 武、小幡忠義、川村元雄（ボンフィンフットボールパーク）、三木利章、増成暁彦、川﨑泰代
デザイン・DTP	関根千晴 竹中もも子 北川陽子 舟久保さやか（スタジオダンク）
編集協力	三上慎之介（ヴュー企画）

マンガで超レベルアップ！　少年サッカー　練習編

編　者	西東社編集部 [せいとうしゃへんしゅうぶ]
発行者	若松和紀
発行所	株式会社 西東社
	〒113-0034　東京都文京区湯島2-3-13
	https://www.seitosha.co.jp/
	電話　03-5800-3120（代）

※本書に記載のない内容のご質問や著者等の連絡先につきましては、お答えできかねます。

落丁・乱丁本は、小社「営業」宛にご送付ください。送料小社負担にてお取り替えいたします。
本書の内容の一部あるいは全部を無断で複製（コピー・データファイル化すること）、転載（ウェブサイト・ブログ等の電子メディアも含む）することは、法律で認められた場合を除き、著作者及び出版社の権利を侵害することになります。代行業者等の第三者に依頼して本書を電子データ化することも認められておりません。

ISBN 978-4-7916-2786-8